中国装备制造业战略性核心技术形成机制研究

张迎新 著

南开大学出版社

天　津

图书在版编目 (CIP) 数据

中国装备制造业战略性核心技术形成机制研究 / 张迎新著 . — 天津 : 南开大学出版社，2019.9

ISBN 978-7-310-05887-7

Ⅰ . ①中… Ⅱ . ①张… Ⅲ . ①制造工业－技术发展－研究－中国 Ⅳ . ① F426.4

中国版本图书馆 CIP 数据核字 (2019) 第 208780 号

南开大学出版社出版发行

出版人：陈敬

地址：天津市南开区卫津路 94 号　　邮政编码：300071

营销部电话：(022)23508339　23500755

营销部传真：(022)23508542　　邮购部电话：(022)23502200

*

天津市蓟县宏图印务有限公司印刷

全国各地新华书店经销

*

2019 年 9 月第 1 版　　2019 年 9 月第 1 次印刷

260×185 毫米　16 开本　9.5 印张　207 千字

定价：36.00 元

如遇图书印装质量问题，请与本社营销部联系调换，电话：(022)23507125

前　言

装备制造业作为大国重器,历来受到国家高度重视。经过 60 多年的不断发展,我国现已成为全球装备制造业的大国,但依然存在"大而不强"的矛盾与困境,由于在许多领域还缺乏核心技术,中国装备制造业仍长期被锁定在价值链的中低端。如何才能突破低端锁定,由大变强,是学者们一直努力探寻研究的方向。

由此,本书聚焦于装备制造业,以实现我国装备制造业产业安全为目标,创新性地提出了战略性核心技术的全新构念,并通过专利共类分析方法对装备制造业战略性核心技术进行了识别。同时,根据新制度主义组织学派的制度同构理论、战略选择理论和动态能力理论,围绕挖掘战略性核心技术形成机制这一任务,采用扎根理论和案例研究的质性分析方法对数控机床生产企业、控制系统生产企业以及数字程控交换机生产企业进行分析,归纳出战略性核心技术形成的一般模型,并对模型中构成元素进行理论饱和性检验。在揭示战略性核心技术形成机理的过程中,采用了跨案例研究方法,挖掘出战略性核心技术构成要素之间的作用机理并建构理论。

本书主要解决三个问题:一是战略性核心技术是什么,应该如何识别;二是战略性核心技术是如何形成的;三是政府和企业层面各自促进战略性核心技术形成的实施路径是什么。书中得出以下结论:

1. 战略性核心技术在我国的经济社会发展中具有重要的战略地位和重要影响力,它体现了国家战略意图,是难以模仿、不可替代、稀缺的,以及具有自主知识产权的高度关联的技术群。

2. 战略性核心技术形成机制是:国家产业安全战略、外部市场竞争和社会创新氛围以及公司战略构成良性循环系统,该系统是战略性核心技术形成的规制性机制,且国家产业安全战略正向显著影响公司战略,外部市场竞争和社会创新氛围对公司战略具有正向显著影响作用。与国家产业安全战略保持战略一致的公司战略对知识产权、先进管理、人才与研发激励以及技术创新具有显著影响,且它们之间形成良性循环系统,该系统是战略性核心技术形成的模仿性机制,并通过战略选择起到公司战略与本循环系统的其他要素之间的中介作用。创新活动对技术平台基础有显著影响,是战略性核心技术形成的规范性机制,并且企业动态能力调节战略性核心技术的形成。

3. 政府层面促进战略性核心技术形成的实施路径是可以将鼓励基础科学研究类政策;政府规划、市场表现、进出口与外资类政策;关键制造业产品及技术安全、管理水平、规模和布局类政策;资本投资、技术研发及应用类政策分别组合,能更好地发挥"政策组合拳"作用。本书认为应该实现国家立法和稳定持续的顶层设计规划;营造良好的产业发展的市场环境和创新环境,以机制创新促进官产学研用协同,充实国家安全委员会有关产业安全战略的相关职能。在企业层面促进战略性核心技术形成的实施路径是应该在战略上将自主研发与开放创新相结合,主动融入全球新兴技术研发网络之中;以专利为依托,注重知识产权建设和专利布局;高度重视产业基础研发投入;从科学源头提升原始创新能力;借助大数据,推动技术开发;结合产品性能可靠性的提升与评价体系,构建与完善企业技术平台。

　　当前,我国经济尚在转型升级,实现新型工业化的进程中,需要进一步做强"中国制造",逐步由中低端迈向中高端,推动制造业的提质升级、高质量发展。希望本书的一些观点、成果不仅能为相关专家学者进一步地深入研究起到抛砖引玉的作用,同时也期待能为服务于我国的产业安全、相关政府决策提供某些有价值的参考。

目　　录

第1章 绪 论

1.1 研究问题的提出

1.1.1 研究背景

1.1.1.1 装备制造业属于战略性产业，其自主发展事关产业安全

在张培刚（2014）看来，工业化（Industrialization）可以被定义为一系列"战略的"（Strategical）生产函数连续发生变化的过程。被其称为"战略的"生产函数，通常是指钢铁铸造业、机械制造业、轨道交通制造业等部门。这些部门的生产函数的变化，能够诱导如消费品制造业、食品制造业、纺织品制造业生产函数的变化。显而易见，这些战略的生产函数大都与资本品工业相关联。

马克思（2004）认为"资本主义社会把它所支配的年劳动的较大部分用来生产生产资料（即不变资本）"，这从最一般意义上明确了从事资本品生产的产业的战略属性。

结合熊彼特定义的创新，能够发现"战略性的创新"（Strategical Innovation）加强并诱导了工业化的过程。比如铁道的建立、钢制船舶的使用、运输自动化、蒸汽引擎的广泛应用、动力工业的电气化、机器工具的制造和精细化等，这些产业皆具有能够诱导其他产业工业化的功能，而正因为上述产业的"战略性的创新"，才更进一步推动了工业文明的纵深发展。

斯塔夫里·阿诺斯（2009）总结了有人类物质文化以来200年中的巨大变化，发现工业革命才是推动和改变世界发生变化的根本力量。工业力量的改变能力是以往5000多年各种变革力量所无法比拟和企及的。工业革命的核心就是创新和发展制造业，准确地说其手段是借助装备制造业来实现的，装备制造业将始终是人类社会的"根基产业"。乔·瑞恩、西摩·梅尔曼（2009）认为，只有装备制造业强大，国家才能强大。装备制造业强大的国家具有掌控装备制造业弱势国家的能力，一个国家要想保持经济独立和自主发展，必须做大做强装备制造业。

可见，综合张培刚的观点，能够诱导消费品工业和其他制造业发展的装备制造业是一个国家经济安全的根基，装备制造业的自主发展，事关国家经济安全和产业安全。

1.1.1.2 装备制造业产值增速明显，但高端装备制造业仍旧依赖进口

高端装备制造业作为装备制造业的高端环节，是以高新技术为引领，处于价值链上游和产业链核心环节，具有推动工业转型升级的引擎作用。改革开放以来，尤其从2009年至今，中国装备制造业在产值总量上已经位居世界第一，但是高端装备制造的构成和比例偏低。根据全球机床消费和贸易数据显示，2015年中国机床占据了两项世界第一，分别是：机床进口额居世界第一位，占比达到20.6%；机床消费额居世界第一位，占比达到34.8%。以装备制造业中的机床工业为例进行分析发现，自2011年至2015年，中国金属加工机床年消费额

最高的是 2011 年的 390 亿美元,到 2013 年开始下降,2015 年消费额下降为 275 亿美元,如图 1-1 所示。

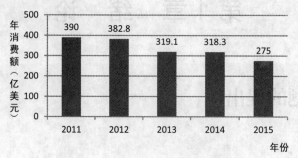

图 1-1　中国金属加工机床年消费额

资料来源:中国机床工具工业协会。

进一步分析中国所消费的金属加工机床,发现切削工具是主要运用在金属切削机床或成形机床中的重要部件,近几年随着国内对低端非数控机床需求减弱,表现出对高端机床以及切削工具高端组件的旺盛需求,主要依赖进口且排名前 3 位的切削刀具分别是:硬质合金刀片、钻/攻丝工具、铣刀。刀具消费结构的变化一方面说明我国机床产业正在向高端转型,另一方面说明我国不掌握该类技术仍需要进口,如图 1-2 所示。

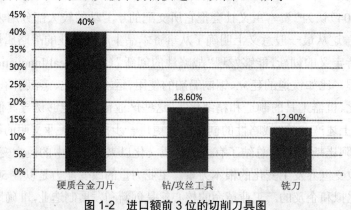

图 1-2　进口额前 3 位的切削刀具图

资料来源:中国机床工具工业协会。

进一步分析切削工具进口的来源国(地区)发现,排名前 5 位的分别是日本(38%)、德国(25%)、瑞典(13%)、中国台湾地区(13%)、韩国(11%),如图 1-3 所示。

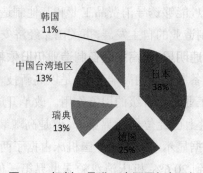

图 1-3　切削刀具进口来源国(地区)

资料来源:中国机床工具工业协会。

1.1.1.3 装备制造业是大国博弈的核心,却因缺乏核心技术遭遇"低端锁定"

强大制造业,提升中国装备工业水平,实现经济高质量增长与可持续发展是中国始终要解决的核心问题。我国技术引进是"重拿来主义、轻能力培养","重国产化、轻自主化"的模式,导致对引进技术产生"路径依赖",陷入了"引进—落后—再引进—再落后"的技术引进陷阱,被动跟随发达国家、跨国公司的技术变化,从而抑制了我国装备制造业自主创新能力的提升。跨国公司对中国技术出口一直是技术硬件多、软件少,产品多、图纸和技术规范少,装备制造业核心技术始终被跨国公司牢牢控制和垄断。可以说,在全球价值链中,对装备制造业核心技术的垄断是它们保持竞争优势的重要战略。由于缺乏核心技术,我国装备企业不得不在产品中承担核心部件的高昂成本,在价值链中充当低附加值加工制造的"跟从者"角色。很多产品的高端领域,我国尚缺乏某些大型装备的关键核心技术、关键原材料,我国只是做到国产化尚未实现自主化。例如,在机械制造领域,中国企业始终在伺服机和控制器等领域处于落后局面,而如日本发那科、日本安川则在上述领域具有在世界上遥遥领先的优势,甚至独霸世界市场。

1.1.1.4 装备制造业实施自主创新战略,面临严重外部挑战

2015年3月,中国提出《中国制造2025》战略,《中国制造2025》对于帮助中国改变以往弱势局面,实现由大变强,打造拥有自主知识产权的中国装备,推动中国装备走向世界创品牌(名牌),实现中国经济可持续地向中高端迈进具有重要意义。目前,我国制造业正处于从技术链低端向技术链高端"追赶"的转型升级期,机遇与挑战前所未有。

(1)发达国家有计划有步骤地推进"先进制造业"回溯

①美国的"先进制造业"计划

美国有计划、有步骤地重振制造业并推出系列举措,其最终目标是使先进制造业的发展和控制权掌握在美国手中,奥巴马是重振制造业战略构想的首次提出者。具体见表1-1美国重振制造业系列举措。

表 1-1　美国重振制造业系列举措

时间	举措	内容、意义
2009年12月	《重振美国制造业框架》	强调重振制造业的紧迫性与必要性
2009年2月	《制造业促进法案》《清洁能源与安全法案》《复兴与再投资法案》	通过三项法案,构建起法律框架
2010年3月	《制造业促进法案》《出口倍增计划》	实现五年内出口翻番。降低制造业所得税至25%及以下来扩大出口
2010年4月	白宫制造业政策办公室	加强针对中国等国制造业产品出口的贸易壁垒
2011年6月	《先进制造业伙伴计划》	生物和纳米技术、先进汽车、清洁能源、先进材料、航空与太空能力、新一代机器人、智能电网作为重要发展领域
2012年2月	《先进制造业国家战略计划》	首要目标是完善创新政策

时间	举措	内容、意义
2013 年	《2013 年美国制造业竞争力和创造就业法案》	着力提供临时税收救济,帮助制造商更好的竞争,降低成本

资料来源:作者依据网上公开资料整理。

上述一系列举措使得美国制造业"复苏"已有起色。一是美国制造业持续回暖,新增工作岗位 40 万个,如汽车行业已明显走出危机;二是一些在国外建厂的美国制造业重返本土,AMFOR NCR、科尔曼、福特汽车、ET 水系统等制造企业已经从中国转移走工厂或生产线,这些转回的美国制造业带动了美国制造业的复兴,也为美国发展高端先进制造业打下了坚实的基础。

②德国的"工业 4.0"战略

德国在全球制造业中是始终保持持续竞争优势的国家之一,其装备制造行业世界领先,德国在机械装备制造业、嵌入式系统、自动化领域和全球信息装备制造领域中的优势地位尤为显著。据此,德国提出以其独特优势开拓新型工业化 4.0 时代,即将物联网和服务应用到制造业中的、以智能制造为主导的第四次工业革命。

在世界经济一体化过程中,中国的发展引起德国的注意和关切,认为中国制造业近十几年的进步对德国构成了竞争威胁,加之美国发布旨在促进"先进制造业"发展的各种计划,因此,德国也制定了"工业 4.0"战略以确保"德国制造业的未来"。

不仅发达的美国和德国制定了鼓励和促进先进制造业发展的战略,日本与韩国也提出了相应的扶持战略,希冀在此轮技术升级革命中依旧保持竞争优势。

发展中国家巴西和印度也围绕着关键技术和技能、制造业能力提升,出台了最高层级的国家战略。巴西的"工业强国计划"制定了在可持续发展、市场扩展、加强技术和生产价值链、加强关键技能等方面的战略目标,明确了发展主要指标,并成立了以全国工业发展委员会为核心的组织保障体系。而印度则制定了"国家制造业政策",将对制造业的关注提高到了国家层面,成为印度重点关注的产业。

1.1.2 研究问题

本书作者认为,制约我国装备制造业发展的瓶颈在于缺乏核心技术,但是,装备制造业的核心技术与一般产业的核心技术具有本质上的特殊性。装备制造业肩负着国家产业安全,装备制造业形成自主核心技术的目的在于保障产业安全,不是短期的响应和迎合市场,更不是获取短期市场竞争优势;而一般产业的核心技术则是以获得市场竞争优势为目标,基于此,本书认"战略性核心技术"来概括这种异质性,以便与一般产业核心技术相区分,书中主要探究和回答了以下几个核心问题。

(1)战略性核心技术是什么并对其进行识别

本书创新性地提出一个新的概念——战略性核心技术,并探究该概念的内涵、外延、核心以及特征,以便后文深入探讨战略性核心技术形成机制。

关于战略性核心技术的识别,基于本书作者可以驾驭的资源和要实现的研究目标,经过综合比较和咨询专家,最终决定利用专利技术来表征战略性核心技术。诚然,战略的核心技术更多聚焦在国家层面,影响国家经济安全和产业安全,其可能更多是以技术机密形式存在,其本身具有暗默性和保密性。然而,囿于对专利分析的关注程度,核心专利分析是最佳的能够识别战略性核心技术的工具。

(2)装备制造业战略性核心技术的构成因素是什么

若想探究战略性核心技术的形成机制,必须了解战略性核心技术形成的构成要素,而这在此前的研究中鲜有涉及。围绕装备制造业战略性核心技术形成机制这一主题,本书作者选取了有代表性的3家装备生产企业和1家验证性辅助案例企业进行深入的质性研究——扎根分析。3家装备制造企业分别是:有生产数控机床十八罗汉之一美称的大连机床集团,生产轨道交通装备的中国中车集团,生产通信装备的华为技术有限公司。以此作为研究对象,运用并扎根理论对其进行探索性研究,探究装备制造业战略性核心技术形成受哪些因素影响,并以天津赛象科技有限公司为辅助案例企业对前3家企业扎根分析的结果进行理论饱和性检验。

(3)装备制造业战略性核心技术构成因素之间的相互关系和作用机理是什么

已有关于制造业核心技术影响因素的阐述,逻辑不清晰、作用机制不明确。本书通过对多案例的扎根分析,在构成因素的基础上,构建出战略性核心技术形成的一般模型,并提出假设命题,通过跨案例分析进一步发掘各构成要素之间的逻辑关系,以验证它们之间的形成机理。

(4)激励战略性核心技术形成的政策建议

在以上三个研究成果的基础之上,使用社会网络分析法,进一步分析政策对装备制造业战略性核心技术形成发挥作用的影响机理是什么,本书并不提出具体的政策条文,而是通过作用机理,对具有"弱联系"特性的政策进行"方向性"建议,从而为今后更有针对性地提出政策,助力我国装备制造业走向强大并具有国际竞争力提供理论参考。

1.2 研究目的及意义

1.2.1 研究目的

本书的核心研究目的是:探索并验证装备制造业战略性核心技术的形成机制。为此将其分解成分目标:

①什么是装备制造业的战略性核心技术?能够直接表征吗?

②装备制造业战略性核心技术形成受什么因素影响?影响机理可以被揭示吗?

③结合形成机制,激励政策应该如何制定,才能更好地助力战略性核心技术的形成?

④在论证过程中说明方法的科学性和"形成机制"的普适性。

1.2.2　研究意义

1.2.2.1　理论意义

（1）从技术层次的角度细化出战略性核心技术更具前瞻性和战略性

对于技术的划分有很多角度，如从技术重要性程度分，可以将技术分为关键性共性技术、关键核心技术、基础性技术；从技术的表现形态分，可以分为硬件技术和软件技术；从技术的法律形态分，可以分为普通技术、工业产权技术和专有技术；等等。

本书为了研究目的的需要对技术层次进一步进行细化，发现每个行业都有核心技术，但是由于分属于不同产业领域，其属性不同，装备制造业核心技术因直接关系到产业安全，所以凸显出战略性特征。应该说，独立地提出战略性核心技术更具有战略性和前瞻性。

（2）更深化地解释了装备制造业战略性核心技术形成的影响因素

基于装备制造业核心技术的重要战略性，本书通过大量实证揭示影响战略性核心技术形成的因子，并运用理论证明影响因素之间的作用机理，从而从体系上深化、直观地解释战略性核心技术的形成。

（3）理论上创新性地提出装备制造业战略性核心技术形成机制的一般模型

找出影响战略性核心技术形成的因子之后，本书首先探索性地创立了装备制造业战略性核心技术形成机制的一般模型和假设命题，之后运用新制度主义组织制度学派的制度同构理论验证了研究假设，并形成理论，从而使本书的核心研究命题得证。

1.2.2.2　现实意义

从现实意义看，战略性核心技术是发展和强大装备制造业的内核、战略性核心技术是提升装备制造业国际竞争力的关键、战略性核心技术是建立创新型国家的核心支撑、战略性核心技术是实现国家产业经济安全的根本保障。

1.3　研究思路、方法与内容

1.3.1　研究思路

①围绕装备制造业缺乏核心技术的实际情况，收集资料，认真阅读、观察和深入反思，结合文献回顾法提出具体命题。

②以案例研究法为基本方法，选择具有代表性的企业为研究对象，然后对其开展深入研究。

③用扎根理论研究法对选择的代表性案例进行分析，严格按照扎根分析的三个步骤进行开放性编码、主轴编码和选择性编码三重编码，并始终秉承发展证据链的原则，对每一层译码获得的典范模型进行三角验证。通过上述步骤，逐步分析出典型性案例的概念、范畴、主范畴和核心范畴，最终得出初步结论，围绕核心范畴比较分析得出的初步结论，并用辅助案例对得出的初步结论进行理论饱和性检验。

④通过案例比较，提出战略性核心技术的构成要素，并厘清要素之间的相互关系，构建

战略性核心技术形成的一般模型,提出基本假设并通过跨案例分析方法验证提出的假设,最后得出形成机制的基本理论。

⑤激励战略性核心技术形成的政策建议。首先,明确战略性核心技术形成机制中一切的出发点都是基于国家的产业安全战略;其次,分析出包含产业安全战略思想的国家战略和相关政策是如何发挥作用的,并找到政策的作用机理;最后,运用社会网络分析法提出关键政策建议。

基于此,本书的研究思路如图 1-4 所示。

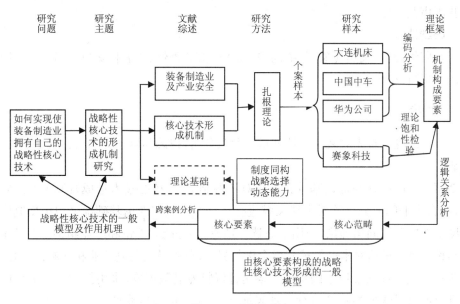

图 1-4 研究思路

1.3.2 研究方法

1.3.2.1 多案例研究

基于本书要实现的目标是理论构建,需要通过从复杂的现象中归纳、总结规律并提炼和构建理论,因此本书考虑采用定性分析方法和归纳法进行命题研究。

1.3.2.2 扎根理论

由于研究命题的特点决定采用多案例研究,得出的结论比单案例研究得出的结论更加可信,研究基础更扎实,研究结论更具有一般性,而且使用扎根理论形成理论的过程始终保证分析过程根植于资料,且编码过程科学严谨。

1.3.2.3 社会网络分析法

社会网络分析法(SNA,Social Network Analysis)是借助代表接触、联络、关联、群体依附等的关系数据,来量化衡量个体经某种关系建立起的网络的结构性质和其他属性的一种分析方法。斯科特(Scott,2000)认为运用社会网络分析法可以描述网络结构特征和揭示网络中节点之间的作用机理。

1.3.2.4　专利技术共类分析法

　　共类分析是共现分析的一种特殊类型,与共词分析和共引分析并列。共词分析是基于主题词库的共现关系分析,共类分析是基于文献中某种分类而进行的共现分析。当在研究中要实现发现技术类型之间关系以及不同种技术之间关联程度大小、关联强度高低的目标时,即可采用技术共类分析法。

1.3.2.5　比较研究法

　　采用横向比较研究法对美日促进战略性核心技术形成的政策体系进行比较,从中找到可以供我国借鉴之处。

1.3.2.6　归纳法

　　本书以归纳为主,聚焦现象,凝练问题,深入研究典型性、代表性案例,进行理论建构,逐一反复比较资料,得出结论。

1.3.3　研究内容

　　第1章　绪论。首先对装备制造业进行背景分析,提炼问题,总结意义,确定方法,制定研究路线。

　　第2章　文献综述与理论基础。首先对装备制造业、核心技术形成机制和产业安全进行综述,结合本书的研究目的对上述文献进行述评。其次在理论基础部分引用新制度主义组织制度学派的制度同构理论,引用战略选择理论、动态能力理论和产业结构优化理论作为本书的理论基础。最后对本书的核心概念进行界定,分别是装备制造业和战略性核心技术。

　　第3章　战略性核心技术的识别。运用德温特专利数据库,采用技术共类分析的方法对战略性核心技术关联性特征进行直观表征,使用选定的案例企业的核心技术进行专利实证分析。

　　第4章　研究设计与方法。首先介绍案例研究的基本原理,并阐述使用多案例研究的原因,案例选择的原因,对研究的效度和信度进行论证;其次是进行资料收集;最后进行资料分析。

　　第5章　战略性核心技术形成机制的扎根分析。本章是素材分析的重点章节,集中分析了三家案例企业。概括企业基本情况,通过扎根理论分析方法对选定的案例企业进行深入探究,挖掘出核心范畴,最后对辅助性案例公司也采用上述方法进行编码得出核心范畴,做到理论饱和性检验。

　　第6章　基于扎根分析的跨案例比较与模型构建。这是本书的重点章节,使用案例分析法对三家案例公司和一家辅助性案例公司进行跨案例比较,并得出一般模型和研究假设,并运用前文提到的理论进行验证,最后得出战略性核心技术形成机制的理论。

　　第7章　促进战略性核心技术形成的政策层面实施路径。首先,分析装备制造业战略性核心技术形成机制的国外经验借鉴与启示,分别探究美国和日本两个国家激励战略性核心技术形成的政策体系并总结出启示。其次,提出中国激励战略性核心技术形成的政策建议;本部分首先明确提出应将战略性核心技术视同产业安全纳入国家顶层设计,接着以国家十三个五年计划/规划为样本,运用装备制造业产业安全政策,分析其对战略性核心技术形成的作用机理,最后提出实施路径。

第 8 章　促进战略性核心技术形成的企业层面实施路径。本章分成两个子部分,分别是企业内部层面的对策建议和上下游关联产业层面的对策建议。

第 9 章　研究结论与展望。总结本书研究结论、理论贡献、实践启示、提出不足。

1.4　核心概念界定

1.4.1　装备制造业的界定

1.4.1.1　国外关于装备制造业的界定

装备制造业是中国特有的概念,国外没有这个概念,而与之相近的行业可以从以下行业标准分类中知晓。从国际标准产业分类(ISIC/Rev.3)、北美工业分类体系制造业分类(NAICS)与中国国民经济行业分类(GB/T4754—2002)等比较看,国外行业分类中的"设备制造"和"机械制造"等行业与我国提出的"装备制造业"基本吻合。国外有关"设备制造"和"机械制造"等行业的研究文献主要涉及塑料设备制造业、胶印设备制造业等装备制造相关行业的实证研究。

1.4.1.2　中国关于装备制造业的界定

(1)装备制造业是从事资本品生产的战略产业

在张培刚看来,工业化(Industrialization)可以被定义为一系列"战略的"(Strategical)生产函数连续发生变化的过程。"战略的"生产函数的变化能够引起并决定其他生产函数的变化,对于后者称为"被诱导的"(Induced)生产函数。从已经工业化的各国的经验来看,这种战略生产函数的变化,最好是用交通运输、动力工业、机械工业、钢铁工业诸部门来说明,并且显而易见,这些战略的生产函数大都与资本品工业相关联。而同样显而易见的是差不多所有的农业经营,以及一部分制造工业如纺织工业、制鞋工业都是属于消费品工业的范围。

马克思认为"资本主义社会把它所支配的年劳动的较大部分用来生产生产资料(即不变资本)",这从最一般意义上明确了从事资本品生产的产业的战略属性。

(2)装备制造业是为国民经济发展和国防建设提供技术装备的基础性、根基性产业

从政府文件来看,我国最早在 1998 年中共中央经济工作会议中正式提出要大力发展"装备制造业",并明确它是为经济社会发展提供技术装备的基础性、战略性产业。《关于加快振兴装备制造业的若干意见(2006)》指出,装备制造业是为国民经济和国防建设提供技术装备的基础性产业。《装备制造业调整和振兴规划(2009—2011)》中指出,要提升大型铸锻件、基础部件、加工辅具、特种原材料等配套产品的技术水平,夯实产业发展基础。装备制造业是为国民经济各行业提供技术装备的战略性产业,产业关联度高,技术资金密集,是各行业产业升级、技术进步的重要保障和国家综合实力的集中体现。

《中国统计年鉴 2011》中,按照国民经济行业分类,装备制造业产品范围包括机械、电子和兵器工业中的投资类制成品,分属于金属制品业、通用装备制造业、专用设备制造业、交通运输设备制造业、电气机械及器材制造业、通信计算机及其他电子设备制造业、仪器仪表及

文化办公用装备制造业 7 个大类 185 个小类。

而从文献来看,与装备制造业相近的"机械制造业"和"机械工业"的正式系统研究文献则出现得更早一些。

一般来说,装备制造业可以从两个方面来界定:一是从其产业的重要性界定,装备制造业是为国民经济发展和国防建设提供技术装备的基础性、战略性产业;二是从其产业本质界定,装备制造业是为国民经济各部门进行简单再生产和扩大再生产提供生产工具的制造部门的总称。如,基于装备制造业在国民经济中的作用,其应包括五类:①通用类装备(一般性装备)包括传统的机械制造类产品如机泵阀、工程机械、农业机械、建筑机械、运输机械(黄贞谕,1981)。②基础类装备(工业母机)是装备制造业的核心,也就是被誉为"国民经济心脏"的以机床工业为代表的基础类装备,如机床、工具、模具、量具、仪器仪表、基础零部件、元器件等,广义上还包括相应的基础技术(设计和生产制造技术)和基础材料(王福君,2009)。③成套类装备,是评价一个国家装备工业总体实力的最重要依据,主要是生产线。④安全保障类装备,主要是新型军事装备、尖端科研设备、保障经济安全的关键性设备。⑤高技术关键装备(前沿性装备)是最典型的高技术关键装备如大规模集成电路生产中的单晶拉伸、硅片切抛、镀膜光刻、封装测试等核心技术设备(练元坚,2001)。另外,有代表意义的观点是将装备制造业分为三类:第一类是重大先进的基础机械,即制造装备的装备,被誉为工业母机的机械。如数控机床(NC),柔性制造单元(FMC),柔性制造系统(FMS),计算机集成制造系统(CIMS),工业机器人,大规模集成电路及电子制造设备等。第二类是重要的机械,如电子基础件,先进的液压、气动、轴承、密封、模具、刀具、低压电路、微电子和电力电子仪器、仪器仪表及自动化控制系统。第三类是国民经济各部门的科学技术和军工生产所需的重大成套技术装备(邹十践,2002)。

1.4.1.3　本书对装备制造业的界定

基于本书研究需要,本书对装备制造业做如下界定。

装备制造业主要从事资本品生产,是为国防安全和国民经济及社会发展提供技术装备的基础性、根基性的战略产业。其包括三大类:基础装备类,它是装备制造业的核心,主要包括机床、模具、仪器仪表、基础零部件等,以及广义上的设计与生产制造等基础技术;重大技术装备类,它代表一个国家装备工业整体实力,通过工艺、设备、软硬件等系统集成为用户提供整套技术装备及解决方案;高新技术装备类,它是技术含量最高的装备,也是高技术生产线最关键的机器设备。

本书将研究对象锁定在基础装备、重大技术装备和高新技术装备上。

1.4.2　战略性核心技术界定(Strategic Core Technology,SCT)

战略性核心技术是对从事资本品生产的装备制造业核心技术的一种独特的诠释,是本书提出的新概念。

1.4.2.1　提出动因

(1)装备制造业是国家的工业基石,它的技术基础和技术能力关联并锁定其他产业的

技术进步

弗里曼和泽特（Freeman 和 Soete，2004）指出对于发展中国家而言，不能只发展成功个别的产品，要具备开发系列和全套产品的能力，而且要做到能力可持续。在产业不断成长过程中，技术体系变得越来愈复杂，彼此相互关联的部件不断增多，因此，新旧技术之间要兼容。换言之，装备制造业作为基础产业将加剧这种技术关联性特征，其他产业的技术新成果如新机器只有符合旧方法和技术规范才能得到应用，否则，再重要的关联部件都不能被使用。所以，当我国装备制造业不能采用新的生产方式时，它只能继续沿用旧的体系。

桑登和阿扎（Sanden 和 Azar，2003）提出了技术锁定机制，并说明由于锁定机制的存在会将落后生产方式中的产业牢牢锁住，并使其技术不能更新，周而复始，愈加恶化。一方面，随着国外企业核心技术的成长，装备产品不断升级，作为上游产业不仅为本国的下游产业、更为全球的下游产业提供专业技术水平高的机器，并通过技术战略联盟而共同受益。另外，我国引进新技术要与旧技术体系兼容，当本国装备产品无法与国际上的新技术兼容时，下游企业只能弃之不选，而我国的装备制造企业不仅会在这个"恶性循环"过程中与国外竞争对手差距加大，甚至可能无法结成有实力的技术战略联盟为共同培育核心技术受益，从而强化了锁定，所以不难理解，为什么我国的企业始终被锁定在全球价值链的中低端，总是提供技术精度低、附加值低的产品，因此，要打破低端锁定，装备制造业必须拥有核心技术。

（2）装备制造业不同于一般产业，它是国之重器

装备制造业核心技术不仅能够带来产业竞争优势，更能使技术持有国形成技术垄断，达到对一国经济长期的绝对控制，所以装备制造业的核心技术是国与国之间博弈的砝码。这就导致装备制造业的核心技术更隐蔽化，除了以物化技术（可随产品转移而转移的设备、元器件等）形式存在外，更多以非物化技术存在，非物化技术是通常只存在于专业人员头脑中的缄默式技术。不难看出，自改革开放以来，我国吸引外资，引进技术获得的仅仅是技术的物理形式，外国却根本不会转让给我们技术的内涵形式。因此，装备制造业的核心技术买不来，只能依靠自主创新。

（3）装备制造业的核心技术在创新过程中将面临巨大的沉没成本，应该由政府主导

弗兰克尔（Frankel，1995）在《美国经济评论》上发表的论文阐述，当个别产业或整个经济发展到一定程度，会在吸收采用更先进及现代化的技术方面产生困难。究其原因主要由三个：刚性的制度、资源不足和沉没成本。沉没成本的存在会导致技术创新企业的不理性行为。从企业生产经营的本质属性上看，追求利益最大化才是目标。而面对技术创新时，由于创新结果不确定，创新研发周期不确定，创新风险巨大，企业需要投入雄厚的资金用于研发、试错等创新检验，又需要为吸引优秀的技术人才而支付高昂的人才引进费和研发报酬，很多企业将此过程视为"烧钱"行为，要么浅尝辄止，要么转向其他方向，做风险相对小、投资回报快的项目。当前我国正处于"技术追赶"的重要关键时期，单纯依靠企业自发选择，难以实现装备产业自主掌握核心技术的战略目标，因此，在特殊的情境下，装备制造业的核心技术形成不能单纯依靠企业的理性自主选择，更要依靠政府主导。

综上所述，本书认为装备制造业必须拥有核心技术；必须通过自主创新形成核心技术，

而不是靠买;技术追赶期的特殊情境决定了应多依靠政府战略主导,不能单纯依靠企业的理性自主选择形成核心技术,因而这种核心技术具有战略性。基于此,本书提出"战略性核心技术"以同其他产业的核心技术加以区别。

1.4.2.2　概念的界定

(1)战略性核心技术必须是核心技术

关于核心技术的定义并没有一个明确而统一的标准。梳理国外和国内学者的主要观点发现大致可以分成两类,即从能力角度说明核心技术或者从技术构成角度说明核心技术。具体情况见表 1-2:核心技术的诠释归纳表。

表 1-2　核心技术的诠释归纳表

角度	学者(年份)	主要内容
能力视角	Andrea(1992);Patel 和 Pavitt(1994);Marc 和 Luis(1995);Lopez(1995);Bell 和 Pavitt(1991)	能为企业带来相对于竞争对手具有竞争优势的技术资源和能力
	C.K.Prahalad,G.Hamel(2000)	根据资源基础理论的观点,公司致力于寻找可累积或可开发的必要的资源以便在未来能获得竞争优势,公司的竞争优势是根植于它的专门的核心能力之中的
	K.E.Marino(1995)	公司范围的技术和生产技能,采用它能使某项具体的业务改变机会
	S.Lee,B.Yoon,J.Park(1995)	公司需要去积累和创造核心技术能力以维持竞争优势
	Hsiao-Chun Wu 等(2010)	无论如何创造新技术,重要的是掌握核心技术以及其他竞争者的核心技术能力
技术构成视角	Hsiao-Chun Wu 等(2010)	通过借助专利实证半导体行业的核心技术,识别出的核心技术是核心专利群技术和平台技术两大类。核心专利群技术有可以分成通用核心技术和平台专用核心技术
	中国制造强国战略研究项目组(2016)	美国国家标准和技术研究院在 1988 年制定的《综合贸易和竞争法》中最早出现了"产业共性技术"。与技术基础设施和竞争前技术紧密联系,为产品研发和工艺创新提供技术平台,是先导性和基础性的,能够对产业中其他技术影响深远的技术
	洪勇、苏敬勤(2007)	认为核心技术包括产品架构技术、核心元件与关键制造技术等
	马俊如(2005)	某业界或某领域同类产品市场竞争中关键的一种或多种技术
	全裕吉、陈益云(2003)	概念和原理可以传导,影响和引致其他技术创新的
	操龙灿、杨善林(2005)	从产业层面看,核心技术表现出产业共性,称其为产业共性技术。关键共性技术具有重大影响力
	郁培丽、樊治平(2008)	核心技术是企业在一定技术水平条件下生产某种或某类产品不可缺少的、不可替代的战略性、长远性和取胜性的技术
	罗吉利、李孟军、姜江、游翰霖、徐建国(2015)	核心技术是地位最重要、影响力最大、支撑作用最强的技术

综合上述学者观点可以归纳出核心技术具有以下属性：①为企业所控制的；②有价值的、稀缺的；③难以模仿和替代的。

（2）战略性核心技术是一旦被掌握就能够不被别国控制，实现国家产业安全的核心技术

本书参照胥和平（2002）和房汉廷等（2003）的观点，认为战略性核心技术应该是以下几点。

①能够有效解决可持续发展面临的约束，为经济社会长期发展提供技术基础。最基本意义上的国家战略技术，应该是能够支持中国经济社会可持续发展，全面提高综合国力，提高中国产业的国际竞争力，加快中国信息化和工业化进程，能够反映未来 10 年技术进步方向的关键性技术领域。

②能够满足大国经济发展需要的技术。从大国产业的国际地位要求和大国经济结构目标的需要出发，许多重要产业的发展和重大技术开发是大国必须承担的。在一些重要的竞争性领域保持产业技术的领先地位，是大国参与国际产业分工和国际竞争的基础条件。

③能够对经济结构调整和产业升级具有关键性影响的技术。能够打破产业升级的技术壁垒，代表产业发展方向，蕴藏巨大产业机会的技术，特别是在新技术革命中发挥其重大作用，并在未来产业发展中发挥其带头作用的重大技术。

④购买成本特别高（或买不到）必须自主开发的技术。战略技术具有明显的排他性，是市场上买不来的，中国作为发展潜力巨大的国家，更容易受到某些发达国家的技术封锁，因此必须有自己相对独立的战略产业和战略技术，并在相当长的时期必须保持相对独立的技术创新体系。

⑤需要政府进行长期持续支持的技术。战略技术往往是需要进行持续投入，需要数年甚至几十年的努力才能见效，政府的持续支持是确保关键技术发展的关键，特别是对于技术投入能力相对不足的产业，更需要在相对集中的领域进行持续的支持。我国目前要想在相对落后的情况下实现技术跨越，政府的持续支持就显得尤为重要。

⑥满足维护国家安全及国家利益需要的技术。当前的全球化竞争并不是弱化了国家因素，相反国家因素在其中发挥了重要作用，从根本上体现为国家利益，维护国家利益仍是技术发展的最基本战略目标。从这个意义上说，战略技术的选择并不是一个纯粹的经济决策。

（3）战略性核心技术作为技术同样满足技术的时效性要求

技术的时效性体现在当前基础和能力能够实现的技术方面。

综上所述，战略性核心技术在我国的经济社会发展中具有重要的战略地位和重要影响力，它体现了国家战略意图，是难以模仿、不可替代、稀缺的、具有自主知识产权的高度关联的技术群。

战略性核心技术的内核是高度关联的技术群。边界是所有事关国家安全、产业安全的产业领域中的技术，即使牺牲短期经济效益，长远看也必须自己拥有的一类技术群。装备制造业战略性核心技术的内涵有三个维度：即战略性维度，核心技术维度，时间维度。

第一，战略性维度。

①能够有效解决可持续发展面临的约束,为经济社会长期发展提供技术基础;

②能够满足大国经济发展需要的技术;

③能够对经济结构调整和产业升级具有关键性影响的技术;

④购买成本特别高(或买不到),必须自主开发的技术;

⑤需要政府进行长期持续支持的技术;

⑥满足维护国家安全及国家利益需要的技术。

第二,核心技术维度。

①有价值的;

②难以模仿的;

③稀有的;

④不可替代的。

第三,时间维度。

所有的技术都具有时效性,因此战略性核心技术也具有时效性,具体表现出三个特点。

①以当前的技术能力能够研发的;

②以当前的必要性程度必须研发的;

③当前研发可以影响深远的。

第 2 章　文献综述与理论基础

2.1　文献综述

2.1.1　关于装备制造业的研究述评

装备制造业是我国特有的产业划分概念,国外无此分类方法。因此,在对国外文献进行检索时,本书将其具体化为产业名称。

2.1.1.1　国外研究

（1）从进入方式的角度进行的研究

道林和迈克尔（Dowling 和 Michael,1999）以电信设备行业为研究对象,发现新兴企业可以通过技术创新进入新行业。反之,在传统产业领域中,由于相对保守和稳定的战略模式反而不利于突破传统产业领域进入突破性技术变革中。他们以新企业开展创新研发为视角进行分析,提出了竞争合作战略、技术战略的相关假设,采集了 52 家电信设备行业的新企业——他们均是首次公开招股 IPO。得出结论,新企业在研发支出等方面与高绩效关系紧密,创新投资对于企业绩效成长、竞争策略等有显著影响。

亨德森（Henderson,2007）以胶印设备行业为研究对象,搜集了丰富的数据,验证了当产业受到外界环境激烈冲击时,企业面临激进的变革,在位企业往往通过增加创新投资的方式维持原有地位和阻碍新进入者,但是从研发数量和质量上看,在位者在激进创新上的数量要明显少于新进入者。

弗尔南多等（Fernand 等,2012）研究了设备制造商的动态治理结构。研究结果表明,设备制造商的合作战略、兼并和收购发展以及不同市场领域中新技术和规制的引入,需求和产业的动态变化或许导致了装备制造业产生重大变化。

（2）从产业集聚与技术溢出效应角度的研究

奥德斯和费尔德曼（Audretsch 和 Feldman,1999）论证了装备制造业中的高新技术产业比其他传统产业拥有更明显的技术聚集倾向。杜迈和德斯梅特（Dumais 和 Desmet,2002）研究了自 19 世纪以来美国制造业产业集聚与技术溢出的路径,发现具有先升后降的特点,即前期产业集聚和专业化程度高于其他产业,后期则相反,但是没有揭示原因。高戈和施特罗布尔（Gorg 和 Strobl,1995）进一步指出,由于装备制造业的特殊性,所以其技术溢出效应明显高于其他制造业或其他产业。阿蒙和马丁（Ammon 和 Martin,2007）指出,能力培养、引进技术、自主创新是发展中国家提高本国制造业能力并逐渐形成自己独特创新优势的有效路径。

（3）研究述评

国外学者的研究是从能够促使装备制造业创新的外生变量着手,论证装备制造业技术创新的诸多影响因素和影响机理。然而,技术创新的根源源自内部,内因是使事物发生变化的根本原因。因此,对装备制造业技术创新的分析应该更多从内生变量着手,探究内生机制的变化对装备制造业核心技术生成的影响。

2.1.1.2 国内研究

装备制造业是我国特有的分类。通过对 CNKI（China National Knowledge Infrastructure,中国知识基础设施工程）、超星图书馆、万方数据库等数据资源进行检索,利用 CiteSpace（引文可视分析软件）进行分析,可以清晰发现国内学术界对装备制造业的研究重点主要集中在如下领域,具体见图 2-1:装备制造业研究重点领域知识图谱。

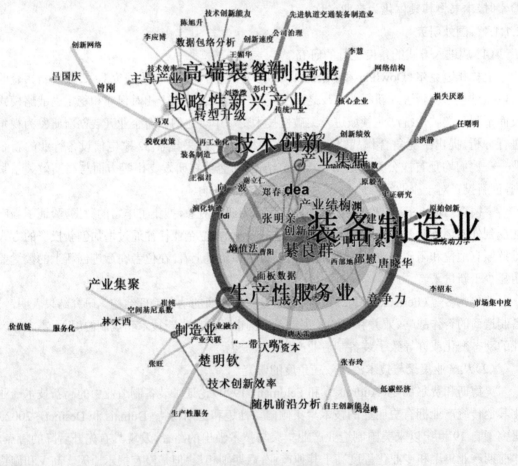

图 2-1 装备制造业研究重点领域的知识图谱

由此图谱分析,研究热点依次为:技术创新、高端装备制造业、生产性服务业、战略性新兴产业、产业集群及其影响因素。

从研究的视角看主要包括:（自主）技术创新能力、技术创新网络、创新绩效、市场集中度、竞争力分析、产业集群、产业关联与产业结构、核心企业等。从研究方法看主要使用的定量分析法包括:随机前沿分析、基于面板数据的回归分析、数据包络分析、熵值法等。

（1）技术创新能力视角的研究

技术创新能力是学者们关注的主要领域,也是一直以来的研究热点。细分来看,学者们关注更多的是其中的创新指标体系建立和测算,但是众指标之间的区分度不高。杨华峰和申斌(2007)以装备制造业为研究对象分析其原始创新能力,构建了包括科技投入、产出效能、创新基础、持续创新、环境支撑的评价指标体系。王章豹和孙陈(2007))认为装备制造业技术创新能力可以从创新资源投入、创新产出、创新支撑保障、成果转化及创新环保能力五个方面的能力进行评价。吴雷和陈伟(2009)采用数据包络分析法来评价装备制造业的技术创新能力,他们的评价指标有四个方面,分别是:创新投入能力、研发能力、产品营销能力和创新产出能力。赵金楼等(2009)认为装备制造业技术创新能力包括:信息化水平、科技服务水平、政府支持力度、科研院所科研能力、研究开发能力、制造能力、技术引创产出能力及资源投入能力八个方面。

（2）产业竞争力视角的研究

对我国装备制造业竞争力的研究主要通过构建评价指标体系,以主成分或因子分析等方法来进行评价,再根据结果来区域差异。周志春(2009)以现实竞争力和潜在竞争力为标准,对中国的东部、中部、西部、东北部和中部地区进行分析。研究结果发现装备制造业的发展态势为东强西弱、东快西慢,东北及中部地区具有发展潜力,西部欠发达地区装备制造业发展缓慢。王章豹和郝峰(2009)对中国省域装备制造业的产业创新能力进行了实证分析,分别选择山东省、广东省、天津市、海南省和江苏省为研究对象,构建起区域产业创新力评价指标体系,主要包括市场、技术、制度三方面的创新,最终得出结论,我国东部沿海发达地区装备制造业创新能力相对较强。

（3）竞争力驱动力视角的研究

关于装备制造业竞争力驱动力方面的研究,美国竞争力委员会与德勤公司都认为,制造业竞争力驱动要素主要包括:人才,劳动力成本,市场吸引力,基础设施,能源成本,医疗保健体系,经贸、税务与金融体系,法律体系,供应商网络,以及政策性投资十个方面。与之对比,中国在劳动力与能源成本方面占有一定优势,但在其他方面则相对于制造强国存在一定劣势。

（4）研究述评

纵观国内对于装备制造业的研究,能够从内部能力着手探讨和分析我国装备制造业存在的问题、落后的原因,以及评估当前的发展程度,不足的是缺乏直接明确地从装备制造业在国民经济中的特殊地位所导致的竞争力、驱动力、核心技术和技术评价等方面的异质性探讨。正是由于装备制造业特殊的地位导致与其他产业异质性的存在,而抓住异质性才能真正找到打开锁的钥匙。

2.1.2 关于核心技术形成机制的相关研究

通过对 CNKI、超星图书馆、万方数据库等数据资源进行检索,利用 CiteSpace 进行分析,可以清晰发现国内学术界对装备制造业核心技术的研究重点主要集中在如图 2-2 所示领域。

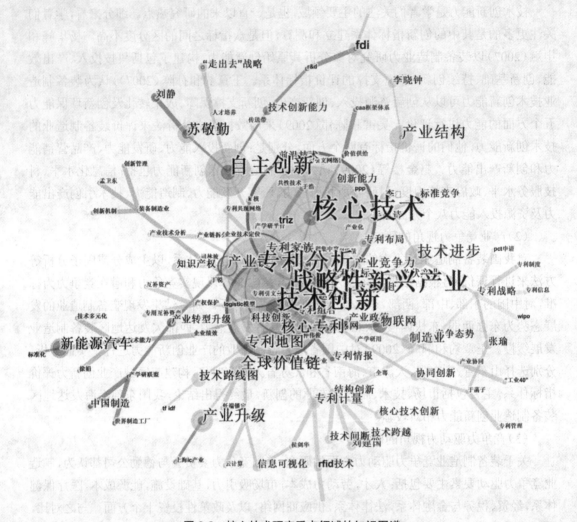

图 2-2　核心技术研究重点领域的知识图谱

由图 2-2 可知,关于核心技术的研究主要集中在:技术创新 、战略性新兴产业、专利分析 、自主创新、产业结构 、核心专利、全球价值链、产业升级、技术进步 、专利组合、专利战略。

对上述研究热点归类可以发现,关于核心技术的研究主要集中在是什么和怎么做的思路上,具体的表述如下。

①"是什么"——从专利的角度,具体运用核心专利、专利分析、专利组合和专利战略等方法进行核心技术的识别。

②"从哪来"——从核心技术的获得方式看,可以进一步分为形成过程和能力培养。其中形成过程角度主要包括从产业结构、产业升级、战略性新兴产业和全球价值链角度切入,通过重新优化配置资源形成核心技术;能力培养主要从技术创新、自主创新、技术进步等角

度切入,通过能力的培养和提升形成核心技术。

2.1.2.1　是什么——关于核心技术识别的研究

罗吉利等(2015)认为,学者们常用专利文献聚类或引文分析,以及将专利分析与社会网络分析相结合等方法用于对核心技术的识别。栾春娟等(2008)学者借助德温特数据库,利用专利引文分析、专利家族分析及专利指定有效国分析来识别核心技术。沈君等(2011)学者以第三代移动通信技术为研究对象,采用共现网络方法分析,借助德温特手工代码,探寻出关键技术,同样是使用技术共现分析来识别核心技术。黄鲁成等(2015)学者将其与文献计量学和专利引文网络结合起来。张杰等(2012)学者将其与"K-核"分析法相结合。

2.1.2.2　从哪来——如何获得核心技术的研究

(1)核心技术形成过程视角的研究

杨震宁、李东红和马振中(2013)研究认为关系资本和锁定效应影响企业创新过程。学术界对锁定效应分成市场锁定、技术知识转化锁定、创新成本锁定和技术标准锁定。关系资本分为商业关系资本和政治关系资本。研究表明,四种锁定效应显著抑制企业对创新绩效的获取,利用商业关系资本和政治关系资本帮助企业跨越了不同类型的锁定效应,提升创新绩效。而且,追赶期的中国,模仿跟随战略更适合于中国,正确的技术战略选择也可以对冲锁定效应影响,提升企业的创新绩效。

(2)核心技术来源于内生能力角度

①技术能力的构成要素

金姆(Kim,1997)将其阐释为生产能力、投资能力和创新能力。拉尔(Lall,1990)将其分为投资能力、生产能力和网络能力。菲格雷多(Figueiredo,2008)将其分为日常的生产能力和创新的技术能力。

谢里夫(Sharif,1988)最早从表现形式角度将其分为生产工具及设备、生产技术及经验、信息以及生产的安排及组织四个单元。李奥纳多和巴顿(Leonardo 和 Barton,2004)从技术视角探讨了企业核心能力,认为核心技术能力包括职工知识和技能系统、物质技术系统、管理系统以及企业的价值和思想体系。谢赫和蔡(Hsieh 和 Tsai,1989)指出技术能力是企业创新的驱动力,包括技术知识、商业秘密、研发技术诀窍及其他技术方面特殊知识产权或专利组成。

冈森(Gonsen,1988)将技术能力分为技术获取、创新与改进、消化吸收以及技术实施四个方面的能力。而拉什(Rush,2007)则认为应分为技术战略、认知变化、技术获取、搜寻关键变化、技术学习吸收应用及选择可得技术等要素。

②技术来源视角下技术引进和自主创新的关系,以及技术来源的制约因素

技术来源视角下二者的替代或协同的相关研究。林毅夫和蔡昉(2003)认为,技术引进与自主创新之间存在挤出效应,只能二选一,追赶型企业特别适合使用技术引进。李伟[59]认为技术引进容易导致企业落入引进复落后的陷阱,而自主创新才是企业获得真正技术能力的终极目标。刘兵等(2011)则认为,引进或自主创新的边际报酬随着对方强度的增加而增加。董洁(2007)认为后发企业适合坚持自主创新并有助于保持技术能力提高。

技术来源包括购买专利、自主创新、技术许可证、研发合同、技术联盟以及合资或兼并，技术特性、企业特性和环境特性影响企业技术来源。

2.1.2.3　研究述评

纵观以上的研究，学者们的观点聚焦在核心技术"是什么"的问题和"从哪来"的问题，而没有聚焦在"怎么有"的问题。本书作者认为无论是"从哪里"都应该厘清在"带来"技术以后，中国装备制造企业"怎么有"的，也就是核心技术的形成机制，各个影响因素是如何制约、如何促进的，更进一步地区分出"引进技术再创新"和"完全自主创新"模式其形成机理有何不同。

2.1.3　关于产业安全的研究综述

以"产业安全"为搜索关键词，在搜索结果后，选择"装备制造业"，通过对 CNKI、超星图书馆、万方数据库等数据资源进行检索，利用 Citespace 进行分析，可以清晰发现国内学术界对装备制造业核心技术的研究重点主要集中在如图 2-3 所示领域。

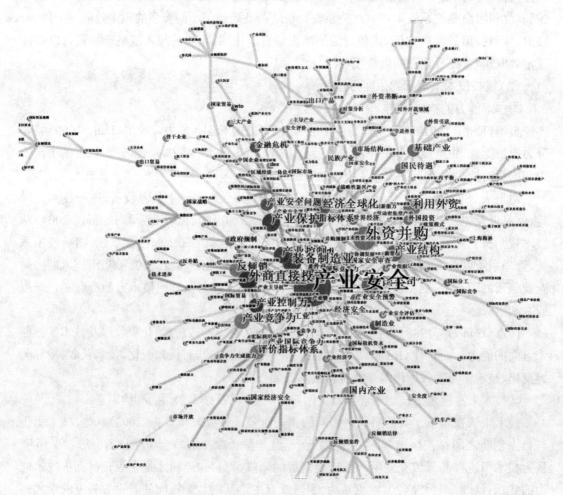

图 2-3　产业安全重点领域的知识图谱

由图 2-3 可知,对于装备制造业产业安全的研究热点主要集中在以下领域:产业竞争力、产业保护、产业结构、外资并购、外商直接投资、经济全球化、利用外资、产业控制力、产业安全评价指标体系等。

不难发现,对装备制造业产业安全的研究可以梳理出以下视角:外部影响力角度、自身能力角度和评价产业安全程度角度。从外资并购、外商直接投资、经济全球化、利用外资等角度论述产业的外部力量影响产业安全。从产业控制力、产业竞争力等角度论述产业安全来自产业自身能力的提高。评价指标体系、产业结构、产业安全问题等为静态评价产业安全。

2.1.3.1　外部影响力角度

陈国宏和郭弢(2008)使用 Granger 因果关系验证法证明了自主创新能力的提高对我国知识产权保护和改善有促进作用,FDI 对我国自主创新能力提高的帮助作用不明显,知识产权保护对自主创新能力的提高作用不明显。

2.1.3.2　内生能力角度

对我国产业安全的研究从 1996 年开始,其主要集中于研究产业安全内涵的界定、影响因素和程度,认为产业安全是一国对产业或关系国计民生的国内重要经济部门的控制权,对来自国内外不利因素具有足够的抵御和抗衡的能力。

第一类产业控制力说,代表人物何维达(2005)和张碧琼(2003)。产业安全是一国政府的产业调整权和控制权受到威胁时的一种临界状态,此处的产业是指能够影响国民经济全局的重要产业的生存与发展。张碧琼(2003)认为外商惯于使用合资、收购与兼并的方式掌控我国企业,包括装备制造业,如果企业没有警觉,将威胁国家产业安全。

第二类产业竞争力说。许铭(2004)认为,开放条件下产业安全必须体现本国主导产业的竞争实力,该产业能够抵御外来干扰和威胁,且本身具有持续的竞争优势,产业安全从属于经济安全。

第三类产业发展说。王学文和张立(2005)提出,产业安全是即使在对外开放条件下,一国也能自主地掌控民族产业的发展,并保持持久控制力。景玉琴(2006)认为产业安全在宏观上说是制度安排能够自主而合理的引致市场,使本国企业在市场中能与外资企业保持相同的竞争活力;在微观上说,企业具有持续的竞争力。李孟刚(2006)认为,产业安全是自主发展不受威胁的状态,包括自主性、存续性和安全度评价。

第四类产业权益说。吕政(2006)认识到产业安全首先是重要产业的安全,但是没有明确的提重要产业是什么。他认为产业安全应是一国重要产业具有持续保持竞争优势的能力,且始终保持本国权益最大化。

2.1.3.3　评价产业安全程度角度

制造业安全是指一国制造业具有较强的生存力、竞争力和控制力,因而一个国家的制造业利益不受外来势力的根本威胁的状态。雷家骕(2006)提出制造业安全模型,他认为可以从行业与产品现状的因素即生产设备水平、研发水平、管理水平、市场表现、总体规模、关键制造业产品安全;诱因的因素即国际经济关系如外贸依存度;国内科技水平的因素,如 GDP 占全球比重、法律完善程度及效率;国内宏观经济条件的因素,如专利登记书、技术贸易收支、基础科学竞争力和教育发展指标等诸多因素进行衡量。

何维达的产业安全评价体系比较具有代表性。景玉琴、李孟刚和朱建民等在两种基本观点的基础上从不同的视角切入，提出了改进的评价体系。何维达（2012）认为可以从四个方面，即产业国内环境、产业对外依存度、产业国际竞争力和产业控制力来评价产业安全状况。景玉琴（2004）改进的产业安全评价指标体系为国内环境评价包括政府规制，如行政能力和软环境、市场环境评价；市场占有率、市场集中度、市场竞争度等，品牌控制、核心技术控制、主要企业控制、股权控制等。李孟刚特别提出产业政策安全。朱建民和魏大鹏（2012）提出"四因素模型"包括产业竞争力、产业控制力、生态环境以及产业生产力生成能力指标。

2.1.3.4 研究述评

首先，上述学者的观点主要来自产业风险预警与评价、产业控制力和产业竞争力的狭义方面，而广义的产业安全还应涵盖产业的政策、制度以及宏观经济环境，而我国产业安全问题之所以会出现主要是因为制度上的缺陷。因此，对于产业安全的研究还可以向制度层面拓展，发掘影响产业安全的制度原因。

其次，上述关于产业安全的界定均从概念构成学角度进行概括，继而后续的研究有将国家整体产业安全向具体行业研究转变的趋势。温俊萍（2007）认为装备制造业安全问题虽属于经济安全，但是在本质上也属于传统安全。本书作者不同意此观点，因为制造业不同于一般的传统产业，它是人类的"首席产业"，是一国经济发展的基石，乃国之重器，产业安全最核心、最本质的安全应该是装备制造业安全，因此应该优先保障装备制造业的安全。

最后，关于产业安全的成因，上述学者从外部因素角度进行分析，而内因才是主要原因，即产业安全的成因主要是因为产业中企业能力出现问题，以装备制造业为例，则意味着装备制造业内部的企业核心技术能力出现了问题。

2.1.4 综合述评

第一，研究产业安全，首先要保证"首席产业"的核心是安全的，即保障装备制造业安全；第二，产业安全出现问题，是制度存在缺陷，应从制度高度战略地审视装备制造业安全；第三，装备制造业是一国的命脉产业，国家对其有统筹部署权、控制权，因此，应站在国家战略的、全局的高度进行研究；第四，装备制造业作为为国民经济各部门提供重大技术装备的行业，实乃国之重器，因此装备制造业的产业安全的关键和核心是拥有独立自主的战略性核心技术，与以往关于核心技术研究的区别主要表现在"战略性"；第五，装备制造业如何做才能拥有自己的核心技术，核心技术的形成机制如何。以上是通过在各个文献主题下的文献梳理，已有研究未涉及的部分，本书预对此进行研究。

2.2 相关理论基础

2.2.1 制度同构理论

制度理论是一个被广泛接受的理论，主要强调理性神化、同构性和合法性。

新制度主义兴起于 20 世纪 70 年代后期和 80 年代早期，自提出以来百家争鸣。霍尔和泰勒（Hall 和 Taylor，1989）认为，存在三种新制度主义流派，即理性选择 / 经济学制度主义、历史制度主义和组织 / 社会学制度主义。摩根（Morgan，1984）补充了新制度主义流派，即建构 / 话语制度主义。受学者们广为关注的是理性选择制度主义和组织制度主义。

诺斯（North，1981）将制度分为正式的和非正式的规则，其中正式的规则通常以政治、法规、政策、规则等方式体现，其特点是自上而下设计的社会成员都应该遵守的，而非正式的规则通常以习俗、惯例、文化等形式体现，对于社会成员没有强制约束力，但却是正式规则的必要补充。

斯科特（Scott，1989）提出了制度由管制支柱、规范支柱和认知支柱构成，被学术界誉为三支柱制度理论，他认为三支柱赋予社会稳定性和现实性约束。组织制度主义提出了组织场域的概念，强调应该将组织的行为和作用方式放入组织场域当中，作为制度分析的必要基础，才能充分理解制度如何对场域中的社会现象发挥作用。

组织制度主义的分析单元是组织场域，它是组织开展活动的制度环境约束，制度环境反过来对组织机构和组织行为起决定作用。组织制度主义关注同质性，不关注异质性。组织场域也同样具有生命周期，表现为：在起步期，组织场域形式多种多样；在成熟期，组织场域趋向一致。

对组织制度主义进行理解应该建立在对规范和文化惯例的治理结构基础上，并将作用在组织行为中的背景嵌入到对组织场域的分析过程中。这种逻辑充分关注了组织行为和活动所嵌入的背景文化的不同，从而为深刻地分析组织因时空不同而采用、创造或改进不同组织行为的合法性提供依据。

鲍威尔和迪马乔（Powell 和 Di Maggio，2010）发现有些现象的发生无法归结到个体属性上或者无法归结到行为动机上，是超个体层面的，只有寻求从文化认知和组织认知的角度分析才能解释现象，继而提出了"新制度主义"，这一新理论是反对古典经济学的理性行动者模型的。

Scott（1989）进一步解释，由于组织嵌入环境，组织场域促使组织为了获得生存必需的资源，而被迫进行选择，选择的方向必然是与环境主导规则相一致，才能获得继续存续的合法性身份，即制度同构促使组织趋于合法性。制度同构减少了组织动荡，并降低了组织多样化的可能，这种制度逻辑被称为被动性制度逻辑。有时候当处于新兴社会或新兴产业出现时，场域中的参与者迫切面临破除原有制度，进行制度创业的需要，从而导致制度变迁或去制度化，这种制度逻辑被称为主动性制度逻辑。

DiMaggio 和 Powell（2011）关注制度同构，并界定了制度同构的三种主要机制。

规制性机制：政治影响力——来自使组织产生资源依赖的行动者的需求，使组织程序和 / 或结构与最佳实践相一致的压力。组织场域中的正式和非正式压力，特别是文化期待压力对场域中的组织产生影响力。

模仿性机制：对不确定性的标准反应——来自减少不确定性的压力。在不确定性条件下，模仿成功同类是一个相对保险的策略。该机制意味着在组织预降低不确定性压力下，可以通过模仿场域中成功组织的做法,以减轻压力,获得合法性。

规范性机制:专业化——来自专业化的压力,专业化通过社会化使组织成员认为特定的结构和程序是合法的。社会化不仅在正规教育中出现,还存在于专业组织、贸易组织和专业媒体当中。

2.2.2　战略选择理论

第一个提出"战略选择"这个概念的是英国管理学家约翰·柴尔德。他认为,公司战略决定了公司组织结构,公司组织结构决定了公司资源的集结方式,决定了对环境的掌控能力和标准的确定方式。公司战略由公司的领导层制定,准确来说是公司的决策人,决策人对环境的理解不同,在应对环境变化时制定的公司战略也不同。

决策者(代理人)在政策之间进行"选择"的能力最终取决于他们能够在多大程度上通过获得预期的绩效水平,以保持在环境中的自主权。该理论的三大核心问题是:①代理人与选择的性质;②环境的性质;③代理人与环境关系、战略与环境关系的性质。

战略选择理论认为行动是由行动者和组织先前的认知框架所决定的,这一认知框架以嵌入式的常规和文化的形式存在。行动者先前的价值观、经验、训练都会在不同程度上影响他的评估。

2.2.3　动态能力理论

1997 年,蒂斯(Teece, 2011)在"动态能力与战略管理"文章中首次提出动态能力概念。他认为企业的战略性发展应在快速技术变革环境中不断调整自己的能力和资源配置,企业资源的定位演化决定了企业的竞争优势。

动态能力理论通过考虑企业特殊能力与竞争优势在持续变化的市场环境中的加工、调度和升级,延伸和发展了资源基础观和知识基础观,它常被称为能力的"能力"。动态能力理论考察企业如何通过整合、构建、重新配置内外部资源和能力生成一种新能力,使其适应快速变化的环境。该理论假设,相比低动态能力的企业,高动态能力的企业具备更多的优势。该理论的目的是阐释企业在回应和创造环境过程中,如何采用动态能力来创造和维持相对于其他企业的竞争优势(Teece,2007)。

能力是指使组织相对于其他竞争者表现更优异的高层级的、习得的、模式化的、重复的行为的集合(Nelson 和 Winter, 1982)。组织能力被称为"零级"能力,因为它指的是组织向同批客户销售同一量级的同一产品来谋取生存。动态能力被称为"一级"能力,因为它指的是有意改变产品、生产流程、标准或企业服务的市场(Winter, 2003)。当组织通过整合、构建和重新配置其内外部资源和能力来适应快速变化的环境时,该组织就具有高动态能力。概括而言,组织能力是对现有资源的有效开发,而动态能力是对新机遇的有效开发和实施(March,1991)。

皮萨诺和肖恩(Pisano 和 Shuen,1999)在 Teece 的基础上认为动态能力是指:获得新的竞争优势的能力;整合、构建和重构外部和内部竞争力以适应快速变化环境的能力;为了与变化的商业环境取得一致而更新竞争力的能力。

只要企业具有执行某项任务的最低能力,不管这项任务被执行的效果是好还是差,对于企业而言,它都具备能力。企业实际上不必为了证明拥有某种能力而去使用该能力,然而一般而言,企业必须利用其能力来维持使用它们的能力,换言之,随着时间的推移,对于企业能力而言,有一种"要么使用,要么失去"的假设。

Teece(2011)等人提出,动态能力是"组织有目的地创建、扩展和调整其资源基础的能力"。组织的资源基础包括实物、人力和组织资产(Eisenhardt 和 Martin, 2000)。动态能力是一种习得的、稳定的行为模式,企业通过这种行为模式可以系统地创建和调整其运行方式,从而提高企业的绩效,例如,操作惯例从经验的积累开始,通过长时间的重复执行相似的任务而发展。

Teece(2011)认为,影响企业竞争优势主要有三个方面,即著名的 3P:流程(processes),位势(position)和路径(paths)。

流程是企业处理事情的独特方法,或者说企业目前实践和学习的常例和方式。

组织流程有三大任务。

1)协调和整合(静态概念)

Teece(2011)认为如何有效实现内部资源和外部环境的匹配和整合是非常重要的。很多在位企业在新技术引进后没有得到很好的效果,原因在于支持原有产品和技术的组织和管理流程不适合新的产品和技术。今天,战略性竞争优势会越来越多地来自对外部知识和技术的整合,主要形式有战略联盟、虚拟组织以及研发外包等。

2)学习(动态概念)

学习是通过不同的实验、试错和领悟等过程,使得任务能够更好、更快地完成,包括个人层面和组织层面。学习涉及组织和个体技能。组织学习,包含开发式和探究式,需要在动态视角下更深入的研究,例如,学习如何才能跟上市场环境和竞争动态的变化。探究式学习寻求变化、风险、试验、灵活性、发现和创新,开发式学习更关注制定和改进决策、提高生产效率以及战略执行。组织知识就包含在常例或活动的新模式中。

3)重构(转型概念)

重构是指在快速变化的环境中组织能够敏锐地感知到进行资产结构重构的必要性,并且高效地完成内部和外部的转型。

位势是指企业目前所拥有的和可利用的技术、知识产权、互补资产、顾客基础以及供应商关系等条件。

路径是指企业可获得的不同战略选择。Teece(2011)认为从路径依赖和技术机会两个方面来阐述,路径依赖是企业以前的投资和惯例会限制它未来的发展和行为,技术机会是将技术考虑进来,是企业在特定领域的发展速度和方向取决于它所面对的技术机会。

动态能力依次包括能力的拥有、能力的使用和能力的升级。组合能力是动态能力的关键,它是指企业整合内部资源和外部学习并同时应用于竞争环境中的能力。动态能力要求拥有强大的已有能力作为基础,并能够有效地应用这些资源以及持续地创造新的资源和知识束。

动态能力展现的是从资源向发展、商业化和升级资源的过程转变,这一过程贯穿于企业的内部和外部。从内部来看,企业需要建立其规范、文化以及组织基础建设,以使员工、团队以及内部单元产生能够升级企业能力的新想法。从外部来看,应该研究企业的开发和组合能力如何与企业的需要以及环境、特别是竞争环境的需要相协调。

根据 Teece(2011)的观点,企业的历史和先前的路径有助于确定其当前有形和无形的头寸和资产基础,这形成了组织过程。企业运用感知能力来识别机会,一旦这些机会被识别,企业就会投资这些机会来提高其组织能力,然后,企业实际上将组织能力重新组合或重新配置成更能适应环境的新能力,这些新能力可以帮助企业创建新的路径、头寸和资产基础,这为企业带来了相对于其他企业而言更为持续的竞争优势。

赫尔法特(Helfat,2007)等确定了企业能力的两个标准:技术(内部)适应性和进化(外部)适应性。技术适应性是指能力被有效发挥的程度与其所产生的成本的比值,据此,动态能力并不是体现于企业是否拥有其能力。这一衡量方法可表明,与其他企业相比,一些企业的动态能力可能或多或少在技术上是匹配的。进化适应性是指企业通过创建、扩展或调整其资源基础,以超越其他企业从外部获取生存的能力。动态能力有助于企业实现进化适应性。

帕夫洛和萨维(Pavlou 和 Sawy,2011)构建了一个关于动态能力模型的框架。根据框架,具体可以做到以下几点:①通过感知能力来实现、解释和寻求来自内部与外部刺激的机会;②使用学习能力来确定必须重新修改、重建或重新配置哪种组织能力以生成新的知识;③运用整合能力综合了解并对其运营能力进行必要的改变;④利用协调能力来实现和使用重新配置的运营能力;⑤继续详细调查外部和内部刺激。

动态能力方法倾向于将熊彼特租金纳入其对可持续竞争优势的解释框架。然而,帕拉伊坦和左鲁(Parayitam 和 Guru,2010)认为企业的动态能力既可以导致李嘉图租金,又可以导致熊彼特租金。熊彼特(1911,1934)认为企业家会因创新(战略)而获利(租金),而这个前提是其他企业家不能复制这些创新,换句话说,当创新是独创时,利润就会出现;当创新被复制时,利润就会消失;如果新的创新被创建时,利润又会出现。根据李嘉图(1817)的理论,利润(租金)的产生是因为资源或能力的稀缺,这些资源或能力可以被某位企业家使用,但他的竞争对手无法使用。因此,与其他企业家相比,这位企业家将具有更低的运营成本,简而言之,这将赋予该企业家的竞争优势。正如潘洛斯(Penrose,1959)指出的,快速变化的环境可能会改变组织资源的重要性。未来的研究应该将这两种类型的租金都纳入动态能力方法中。

2.2.4 产业结构优化理论

产业结构优化理论是产业结构理论的重要内容之一,是一国实现经济持续、稳定、快速发展的重要经济理论。

2.2.4.1 产业结构优化理论的内容

产业结构优化主要内容包括产业结构优化的目标、产业机构优化的对象、产业结构优化的措施或手段、产业结构优化的政策。从产业结构优化的对象角度看,产业结构优化主要包括以下几个方面。

（1）供给结构优化

供给结构是指在一定价格条件下作为生产要素的资本、劳动力、技术、自然资源等在国民经济各产业之间的供应比例,以及以这种供给关系为联结纽带的产业关联关系。供给结构包括资本（资金）结构、作为供应因素的投资结构、劳动力结构、技术供给结构以及资源禀赋、自然条件和资源供应结构等。产业结构优化就是对这些因素进行结构性调整。

（2）需求结构优化

需求结构优化是指在一定的收入水平条件下政府、企业、家庭或个人所能承担的对各产业产品或服务的需求比例,以及以这种需求为联结纽带的产业关联关系。它包括政府（公共）需求结构、企业需求结构、家庭需求结构和个人需求结构,以及以上各种需求结构的比例;也包括中间（产品）需求结构、最终产品需求结构,以及中间产品需求与最终产品需求比例;还包括作为需求因素的投资结构、消费结构以及投资与消费的比例等。

（3）国际贸易结构

国际贸易结构是指国民经济各产业或服务的进出口比例,以及以这种进出口关系为联结纽带的产业关联关系,主要包括不同产业间的进口结构和出口结构,同一产业间的进出口结构。

（4）国际投资结构的优化

国际投资包括本国资本的流出,即本国企业在外国的投资（对外投资）,以及外国资本的流入,即外国企业在本国的投资。对外投资会导致本国产业的对外转移,外国投资则促使国外产业的对内转移。

2.2.4.2　创新与产业结构的高度化

（1）产业结构高度化的含义

产业结构高度化主要是指产业结构从低水平状态向高水平状态的发展,是一个动态过程。根据产业结构演进的一般规律,产业结构的高度化具有如下特征。

①产业结构的发展顺着第一、二、三产业优势地位顺向递进的方向演进。

②产业结构的发展顺着劳动密集型、资本密集型、技术（知识）密集型产业分别占优势地位顺向递进的方向演进。

③产业结构的发展顺着低附加价值产业向高附加价值产业方向演进。

④产业结构的发展顺着低加工度产业占优势向高加工度产业占优势地位方向演进。

（2）创新对产业结构高度化的影响

在封闭经济条件下,产业机构的变化是需求结构变动和供给结构变动相互作用的结果;在开放经济条件下,应该再加上国际贸易和国际投资因素。因此,可以说需求结构、供给结构、国际贸易结构和国际投资结构这四种因素是决定产业结构变动的基本因素。然而,这里起核心作用的是创新。

所谓创新,按照熊彼特的观点,是指引入一种新的生产函数,以提高社会潜在的产出能力。创新具体表现为三个方面:创造出新的产品和服务;在既定的劳动力和资金的情况下,提高原有商品和服务的产出数量;具有一种创新扩散效应的功能,这种扩散效应能促进经济的快速发展。因此,创新不仅可以提高生产商品和服务的能力,而且可以增加品种;同时,创新的出现在产业结构效应的作用下引起关联产业的一系列积极变化。创新对产业结构的影响既有直接的,也有间接的。

①创新对产业结构的直接影响

在一个资源可以自由流动的社会里,当创新可以带来潜在产出能力的提高时,人们将面临这样一种选择,即是主要以增加本产业产出的形式来获得创新的收益呢?还是把本产业的资金、劳动力和技术等要素转移到其他产业,以增加其他产业的产出形式来获得创新的收益呢?这主要取决于具体的创新方式。一般来说,当创新带来的是新产品开发或原有产品的改善时,由于新产品的需求弹性较大,会吸引生产要素流入该部门。这是因为新产品刚上市时,其价格对成本的反应、需求对价格的反应都比较敏感,从而使其产量的提高能获得较高的收益,当该部门能够获得高于一般产业部门平均水平的收益时,其他部门的生产要素就会向它转移,因而这种方式的创新将倾向于该产业部门的扩张,如 20 世纪 20 年代汽车工业的发展就是如此。与此相反,当创新仅仅是导致了原有产品的生产效率提高时,如果这些产品的需求弹性较小,那么这将促使该部门的生产要素向外流出。这是因为已经趋于成熟,其价格对成本的反应、需求价格的反应已经不再特别敏感,从而其产量的大幅度提高将大幅度降低该产品的价格,使其收益下降,所以这种方式的创新更倾向于使该产业部门收缩,尤其表现为该部门劳动力数量的锐减,如 20 世纪 50 至 60 年代农业的创新就是如此。由此可见,不论哪一种方式,创新都将引起生产要素在产业部门之间的转移,导致不同部门的扩张或收缩,从而促进产业结构的有序发展。

②创新对产业结构的间接影响

创新对产业结构变化的间接影响有两种方式:一是创新通过对生产要素相对收益的影响而间接影响产业结构的变化。经济学家希克斯认为,创新会通过改变各种生产要素,尤其是劳动和资本的相对边际生产率,来改变其收益率之间的平衡。当然,一项创新有可能以相同的比例,同时提高劳动与资本的边际生产率,然而,这种情况是十分罕见的,更常见的是创新对它们的非平衡影响,即资本边际生产率的提高比劳动边际生产率的提高更快。在这种情况下,就会刺激生产要素之间的替代,即资本替代劳动或劳动替代资本。前者就是所谓的"劳动节约型创新",后者就是"资本节约型创新"。显然,这种要素之间的替代会影响产业结构的变动。二是创新通过对生活条件和工作条件的改变而间接影响产业结构的变化。创新往往会创造新的或某些潜在的巨大需求(最终或者中间需求),并且有可能通过连锁反应对需求产生更广泛的影响。当然,这些需求结构的变动无疑会影响产业结构的变化。

因此,可以说创新是产业结构高度化的动力。一个国家的创新活动和创新能力是其产业结构有序发展的核心动因。唯有创新,才能从根本上提高产业结构的转换能力,推进产业结构的高度化。

第 3 章　战略性核心技术的识别

按照上文的界定,装备制造业包括基础装备、重大技术装备和高新技术装备产业。此处,识别装备制造业的战略性核心技术就是识别基础装备、重大技术装备和高新技术装备的核心技术,并通过分析核心技术构成发现其异质性。

那么专利分析可以应用在装备制造业领域用来分析战略性核心技术吗?

3.1　识别战略性核心技术的方法——专利法

本书将装备制造业的范围划定在基础装备制造业、重大装备制造业和高新技术装备制造业。基础装备制造业以机械行业为典型代表,重大装备制造业以汽车制造、轨道交通制造为典型代表,高新技术装备制造业以电子和通信制造为典型代表。

首先,机械制造领域作为传统的技术领域,其技术涵盖面非常广,既包括机械零部件、手动工具等传统机械,也包括数控机床、机器人、飞行器在内的现代高精尖机械。从技术类型上看,主要涉及机械零件、机械设备、机械制造、机械控制、机械与自动化等。从相关的学科领域看,不仅仅是机械本身的专业,还包含思维科学、哲学、智能科学、心理学、现代物理学、现代应用数学、应用化学等基础科学的重要理论,还包括机械电子学、控制理论与技术、检测技术、自动化领域等(杨铁军,2012)。机械制造领域发展时间长,涉及学科多,覆盖范围广,导致机械领域专利的申请量大,申请种类多,有效专利和公开技术数量多(姜南,2014)。

其次,信息与通信领域,相比于机械类,ICT 类技术更新速度快,但是企业级产品更新相对缓慢,其产品形态较稳定,技术发展趋势较为明确,无论是架构技术、存储设备、业务平台、无不体现了"高、精、尖"的特点,因而,研发投入和技术创新难度大,研究主体多为长期占据市场领军地位的主流厂商,如 IBM、微软、思科、EMC、日立、华为、中兴等大型企业。而据徐明和姜南(2013)的专利密度分析结果看,专利密度最高的产业为通信设备制造业,达到196.28(高于分行业工业企业专利密度平均水平的 15.05)。

孙玮等 [86] 经过计算分析之后认为装备制造业专利密度指数明显高于制造业、农林产品加工业、原材料制造业其他制造业。

因此,对于装备制造业可以使用专利分析研究核心技术。但是战略性核心技术具有隐蔽性、机密性的特点无法从专利分析中识别出来。

下文中,将以科瑞唯安(原汤森路透 Thomson Reuters 科技集团)推出的德温特专利引文数据库(Derwent Innovation Index,DII)作为数据来源。该数据库基于 Web 整合了德温特世界专利索引(Derwent World Patents Inde)与专利引文索引(Patents Citation Index)。每周更新,专利信息数据海量,以供对全球专利信息进行查询、索引和分析使用。

对于核心技术的识别主要运用情报学领域的专利信息分析方法(简称专利分析法)。

罗吉利、栾春娟、沈君等学者团队不谋而合的都通过专利来识别核心技术。具体的方法如运用专利引文分析、专利共现分析、社会网络分析与专利分析相结合等方法，完成在既定研究主题下对核心技术的识别和测度。

3.2　基于专利数据的战略性核心技术分析

3.2.1　技术研发的活跃程度

当要从全局角度了解某个技术领域中的技术主体、技术重点与分布、技术发展阶段及趋势等指标时，最常用的基础分析方法之一就是技术研发的活跃程度分析。具体可以分为总体发展态势、区域发展态势分析。借助分析世界专利数据，针对具体的某个行业整体情况进行专利申请态势的把握，能够形成一个系统的框架。

3.2.2　核心技术识别

专利家族、专利引文被引频次、专利指定有效国等是对核心技术进行识别时经常使用的辨认指标。通过借助德温特专利数据，绘制德温特代码共现网络找到核心技术，再运用社会网络分析法（social network analysis，SNA）对专利文本进行聚类，确认核心技术内部构成关系。基于此，本书认为结合德温特代码共现的方法，不仅能够将不容易直接表征出来的战略性核心技术以专利图谱的方式直观地呈现出来，而且有利于通过发掘专利之间的隐藏关系找到战略性核心技术"技术群"的关联关系。因此，在下文的战略性核心技术识别中使用共现的方法和社会网络分析法。

3.2.3　技术领域归类

对技术领域归类的分析可以借助栾春娟（2012）学者论文中修正的 Ernst 提出的专利组合，以专利引文为桥梁，通过技术共类分析，并借助聚类分析实现。

3.3　测度方法与指标

3.3.1　共类分析与技术共类分析测度法

当要识别技术之间的关系范围和关系强弱时，可以采用技术共类分析。现有使用技术共类分析方法主要运用在跨技术学科交叉领域的定量评价，部分公司用来使用绘制专利地图以确定专利布局或进行专利突围，以及探寻技术之间的相互作用和关联强度上。

针对上述的研究角度，学者们主要使用两类专利代码：一类是使用 IPC 代码；另一类是使用德温特代码。栾春娟学者认真地比较了两类专利代码在使用过程中的优劣发现 IPC 代码是分级的专利系统，在阅读和分析同一个专利文献时，不同的专利分类极容易让人困惑，因此影响专利查准。另外 IPC 代码海量，在分析时查全难度很大。因此，栾春娟学者认为德温特代码在上述两方面更优于 IPC 代码。本书借鉴栾春娟学者的方法,也采用 DC 分类码。

3.3.2　测度指标与方法

DC 分类码是德温特专业技术人员为专利申请文件标引的代码,该代码可用于显示一个发明中的技术特点及其应用领域。汤森路透(Thomson Reuters)集团聘请了 1000 多名德温特专业人员标注 DC 代码,具有比 IPC 更久的发展历史,其准确性和合理性更值得信赖。

3.3.2.1　指标 1——技术共类伙伴 TCP 的测度

通过搜索条件找到对应的专利技术,由于采用 DC 码,会发现在同一条专利文献中有不同的 DC 代码,它们反映了某一技术具有的不同学科的技术类型,之后运用 Bibexcel 软件对样本数据进行处理,可以得到 DC 的技术共类矩阵。

引入"技术共类伙伴(Technology Co-classification Partners,TCP)"指标,它是每个技术类型与其他多少个技术类型之间存在共类关系。TCP 数量的多少,反映一个技术类型与其他技术类型之间的关联范围,TCP 值越高,表明一个技术类型与其他技术类型之间存在着更多的关联性。

3.3.2.2　指标 2——技术共类指数 TCI 的测度

此处引入"技术共类指数(Technology Co-classification Index,TCI)指标",它可以用来测度技术类型之间关联关系强弱。栾春娟(2012)学者修正借鉴 Leydesdorff 提出的 Jaccard 系数对技术共类矩阵进行标准化处理,得出技术共类指数矩阵。他认为,与 Saltom 余弦系数相比较,Jaccard 系数更适合计算共被引强度或共现强度矩阵。本书借鉴栾春娟修正的共类指数的计算公示如下:

$$S(i,j) = \frac{coo(i,j)}{occ(i) + occ(j) - coo(i,j)} \tag{1}$$

其中,$S(i,j)$ 表示技术分类 i 和 j 的共类指数,$coo(i,j)$ 代表 i 和 j 共类频次,$occ(i)$ 和 $occ(j)$ 分别代表 i 和 j 出现的频次。

技术共类指数(TCI)的数值范围在 0~1 之间,数值越大,说明 i 和 j 之间的共性越多,相关性越强,将数据标准化之后,可以得到修正的技术共类指数矩阵。

3.4　战略性核心技术识别的实证过程

3.4.1　机械工业战略性核心技术的识别——数控机床

机床行业是国民经济发展和国防建设的基础装备行业,在机械工业诸领域中使用广泛,战略地位突出,其中以五轴联动数控机床为代表,应用广泛。五轴联动数控机床能用来生产和制造精密度高、技术含量高且复杂曲面的机床,如食品机械、造纸装备、塑料机械、制鞋装备、五金制造装备、洗涤机械等只能用五轴联动数控机床进行加工,其加工制造的装备对一个国家产业经贸安全和产业安全具有举足轻重的影响力。

3.4.1.1　技术研发活跃程度——全球专利申请态势分析

利用主题检索的方法,在 Web of Science 中,选择"Derwent database II",以"Five-axis linkage or numerical control machine tool"为检索条件,检索时间跨度为 1967—2017 年,范围是全部,共计已公开的专利申请量为 11 215 条。下载并保存 11 215 条专利的全文信息,数据下载日期为 2017 年 2 月 21 日。一般,专利从申请到公开会有大约 18 个月的滞后期,因此数据分析到 2015 年。

关于全球专利申请态势分析,选择"专利权人"进行分析。

按照被引频次排序,对专利结果进行专利权人分析,排名前 10 位的如表 3-1 所示。

表 3-1　"五轴联动数控机床"全球专利申请前十名位次表

字段: 专利权人名称	记录数	占 11215 的 %
日本发那科 FANUC LTD	445	3.968 %
日本三菱电机 MITSUBISHI ELECTRIC CORP	200	1.783 %
日本发那科 FANUC CORP	175	1.560 %
日本大偎株式会社 OKUMA CORP	132	1.177 %
日本兄弟大生 BROTHER KOGYO KK	126	1.123 %
日本三菱电机 MITSUBISHI DENKI KK	107	0.954 %
日本东芝电器 TOSHIBA MACHINE CO LTD	104	0.927 %
德国西门子 SIEMENS AG	98	0.874 %
日本斗山工程株式会社 DOOSAN INFRACORE CO LTD	90	0.802 %
日本森町机制作所 MORI SEIKI SEISAKUSHO KK	80	0.713 %

从上表可见,在前 10 名的排名中有 9 席是日本企业,有 1 席是德国企业,这充分说明日本在工程装备,特别是被称为工业之母的机床工业领域具有绝对的实力。

3.4.1.2　核心技术识别

利用 Citespace 软件,绘制知识图谱。本书选择通过时间线绘图的方式自动生成相关的分析结果。通过对专利家族进行聚类,将突现频次高的专利集中表征出来,其中包含着核心技术。

以德温特代码 DC 码为关键词,结合突现词绘制的混合共现网络如下图 3-1,共形成 7 个聚类点,就是文中的圆圈。圆圈越大,里面汇聚的相关技术越多,按照圆圈大小,它们分别是:P61(Grinding, Polishing)研磨与抛光;V06(Electromechanical Transducers and Small Machines)机电换能器和小机器;P54(Metal milling, Machining, Electroworking)金属研磨、加工、电加工;T01(Digital Computers)数字计算机;P56(Machine Tools)机床;T06(Process and Machine Control)过程和机器控制;X25(Industrial Electric Equipment)工业电器设备。核心技术包含在上述 7 大类中,未来开发核心技术可以进一步从这 7 个方面进行技术关联性开发,可以通过分析 7 大类技术之间的关联程度高低和通过 SNA 聚类来分析和诊断我国在该领域与国外存在的差距。具体的如图 3-1 所示。

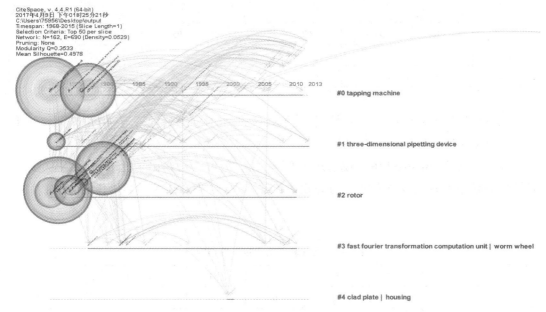

图 3-1　五轴联动数控机床技术关联可视化图

由图可知,众多专利汇聚出 7 个聚类点,而这 7 个聚类点中的技术分属于机械制造领域中的螺纹切削机床、三维吸量装置、转子、高速傅里叶变化、计算单元、螺旋齿轮、复合板 / 外罩。

从时间段上看,有 3 个集中申请专利期。① 1975—1985 年,专利申请主要围绕 T06 过程和机器控制; X25 工业电器设备类技术; V06 机电换能器和小机器。② 1985—1995 年,围绕 T01 数字计算机;③ 1990—2010 年, P54 金属研磨、加工、电加工; P61 研磨与抛光; P56 机床是申请专利的重点。

3.4.1.3　技术共类伙伴 TCP 的测度

此处运用 Bibexcel 软件处理样本数据,即得到共类矩阵,如表 3-2 所示。通过从表中取值,计算每个技术类型于其他多少个技术类型之间存在着共类关系, TCP 数量的大小,反映了一个技术类型于其他技术类型之间的关联范围, TCP 的数值越大,表明技术类型与众多其他技术类型之间存在关联。

TCP 具体的计算步骤如下:首先,构建基于五轴数控联动机床的 7*7 对称的专利技术共现矩阵,如表 3-2 技术共类矩阵。

表 3-2　五轴联动数控机床技术共现频次表

	T06	X25	P56	T01	P54	V06	P61
T06	402						
X25	313	343					
P56	171	150	217				
T01	132	91	45	148			
P54	69	71	67	16	106		

	T06	X25	P56	T01	P54	V06	P61
V06	31	32	20	2	7	36	
P61	23	26	10	5	4	3	35

表中行与列交叉对应的数字是两种技术共现的频次,如第二行第一列 313 表示 T06 和 X25 两种技术共出现了 313 次,以此类推。

进一步,通过 Bibexcel 生成技术共现方阵,本书按照方阵,得出了五轴联动数控机床战略性核心技术的各构成技术之间的关联伙伴数量,得到新的技术共类伙伴矩阵,如表 3-3 所示。

表 3-3　五轴联动机床技术共类矩阵

	T06	X25	P56	T01	P54	V06	P61	TCP
T06	0	313	0	0	0	31	0	2
X25	313	0	0	0	0	0	0	1
P56	0	0	0	45	0	20	10	3
T01	0	0	45	0	0	2	0	2
P54	0	0	0	0	0	7	4	2
V06	31	0	20	2	7	0	0	4
P61	0	0	10	0	4	0	0	2

表中 TCP 列数字是表示某一类技术的关联伙伴技术个数。如表中 T06 技术的 TCP 为 2,表示 T06 技术的技术伙伴有 2 个,分别是 X25 和 V06,即 X25 工业电器设备类技术、V06 机电换能器和小机器,以此类推。

3.4.1.4　技术共类指数 TCI 的测度

技术共类指数揭示的是两个技术类型之间的关联程度。通过计算进一步得出某年全部的 DC 的技术共类指数,即 TCI 具体的计算表格如表 3-4 所示。

表 3-4　技术共类指数矩阵

	T06	X25	P56	T01	P54	V06	P61
T06	1.00						
X25	0.72	1.00					
P56	0.38	0.37	1.00				
T01	0.32	0.23	0.14	1.00			
P54	0.16	0.19	0.26	0.07	1.00		
V06	0.08	0.09	0.09	0.01	0.05	1.00	
P61	0.06	0.07	0.04	0.03	0.03	0.04	1.00

综上可以看出,从静态的角度看,虽然不同技术之间的共类指数大小有所差异,但是技术共类指数在 0.5 以上的技术表示为技术关联紧密,意味着在发展战略性核心技术时,应着重关联发展这些有关联关系的技术。但是系数低并不一定意味着因为技术关联紧密程度低而放弃,应该结合社会网络的凝聚子群分析判断"强 / 弱关系",可能在静态系数表中表现出的低值系数,恰好是构成该种战略性核心技术内核"技术群"的瓶颈(制约性)技术,因此仍要进一步分析。

那么,到底这 7 项关键技术之间应该如何聚类,可以通过下文的聚类分析获得答案,具体见图 3-2 五轴联动机床核心技术聚类图。

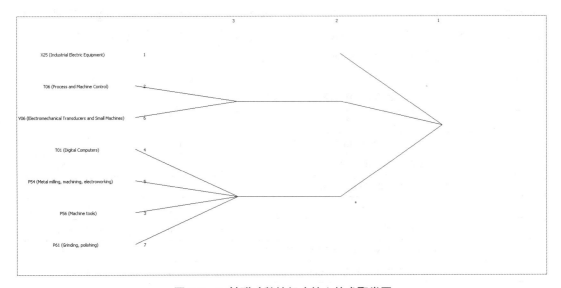

图 3-2　五轴联动数控机床核心技术聚类图

3.4.1.5　聚类图

五轴联动数控机床的战略性核心技术可以聚类成 3 类子群技术,它们分别是:

① T06 过程和机器控制与 V06 机电换能器和小机器;

② P61 研磨与抛光,P54 金属研磨、加工、电加工,T01 数字计算机,以及 P56 机床;

③ X25 工业电器设备。

上述聚类成的 3 类技术,每一类的内部存在着强关系,而这三类技术之间通过 X25 形成弱关联。

进一步解释:在五轴联动数控机床核心技术形成过程中,有 3 大类子群技术,如上文,以 T06 和 V06 关系为例,在前一步骤共类指数计算中,V06 对 T06 的关联指数为 0.08,看似指数值低,但是在形成过程控制器类技术时, V06 的质量高低却严重制约 T06 的性能稳定与否。其他两组的分析类同。

3.4.2　重大技术装备行业战略性核心技术的识别——控制系统

控制系统影响产品运行稳定性和可靠性,有些企业控制系统在启动力矩、运行可靠性、部分机构配合间隙等指标方面都与国外的控制系统性能指标之间有一定差距。

3.4.2.1 技术研发活跃程度——全球专利申请态势分析

从德温特创新索引中以关键词及 DC 代码进行索引,经过数据去噪之后,截至 2017 年 2 月 21 日,已公开的专利申请量为 18235 条。

在 Web of Science 中,选择"Derwent database II",检索条件是:"control system",并对学科类别进行初步限定,精炼依据为:"Engineering or transportation or polymer science or materials science or instrumentation of metallurgy metallargical engineering or biotechnology & applied microbiology or computer science or communication or imaging sciencese potoographic techology or energy & fuels or optics or chemistry of mining & mineral processing."得到 18235 条结果。按照被引频次排序,对专利结果进行分析,按照专利权人分析,排名前 10 位的依次是如表 3-5:控制系统全球专利申请前十名排名表。

表 3-5　控制系统全球专利申请前十名排名表

字段:专利权人名称	记录数	占 18767 的 %
日立公司 HITACHI LTD	604	3.218 %
西门子公司 SIEMENS AG	340	1.812 %
三菱电机公司 MITSUBISHI ELECTRIC CORP	326	1.737 %
东芝公司 TOSHIBA KK	278	1.481 %
TOYOTA JIDOSHA KK	260	1.385 %
通用技术 GM GLOBAL TECHNOLOGY OPERATIONS INC	255	1.359 %
通用电气 GENERAL ELECTRIC CO	254	1.353 %
福特科技 FORD GLOBAL TECHNOLOGIES LLC	231	1.231 %
日本信号 NIPPON SIGNAL CO LTD	227	1.210 %
日产 NISSAN MOTOR CO LTD	174	0.927 %

从上表可见,专利排名前 10 的企业中,专利拥有权属国为日本的企业占 60%,美国的企业占 30%,德国企业占 10%。而排名前三位的分别是日本的日立电子公司、德国的西门子公司和日本的三菱电机。

3.4.2.2 核心技术识别

本部分分析过程、步骤与五轴联动数控机床完全一致。利用 Citespace 软件,绘制知识图谱,如图 3-3 所示。

生成的混合共现网络是以德温特代码 DC 码为关键词,如下图。其中共有 23 个聚类。这 23 个聚类分别是:T01(Digital Computers)数字计算机;X22(Automotive Electrics)汽车用电子设备;X23(Electric Railways and Signalling)电气化铁路和信号;Q21(Railways)铁道;Q13(Transmissions,Controls)传输与控制;W06(Aviation,Marine and Radar Systems)航空、海洋和雷达系统;W01(Telephone and Data Transmission Systems)电话和数据传输系统;X21(Electric Vehicles)电动车辆;W02(Broadcasting,Radio and Line Transmission Systems）广播、无线电传输系统；T06（Process and Machine Control）过程和机器控制；W05（Alarms，Signalling，Telemetry and Telecontrol）警报、信号、遥测和电讯控制；X25（Industrial Electric Equipment）工业电气设备；Q64（Belts，chains，gearing）皮带、链条和传动装置；Q52（Combustion Engines，Gas Turbines）内燃机、燃气轮机；S02（Engineering Instrumentation，Recording Equipment，General Testing Methods）工程仪表、录音设备和通用测试方法；S05（Electrical Medical Equipment）电子医疗设备；W04（Audio/Video Recording and Systems）音频 / 视频记录系统；Q14（Electric Propulsion，Seating）电子推进、座位；T04（Computer Peripheral Equipment）计算机外部设备；Q18（Brake-control Systems）制动控制系统；X13（Switchgear，Protection，Electric Drives）开关设备、保护、电动驱动器；V06（Electromechanical Transducers and Small Machines）机电换能器、小机器；Q17（Vehicle Parts，Fittings，Servicing）车辆零部件和维修；Q63（Couplings，Clutches，Brakes，Springs）联轴器、离合器、刹车和弹簧；P85（Education，Cryptography，Adverts）教育、密码学和广告；U24（Amplifiers and Low Power Supplies）放大器和低电源；X12（Power Dis）配电运行，共 27 种。如图 3-3 所示，这 27 种关键技术聚类成圆圈，圆圈的大小和它出现的频率成正比，圆圈越大，出现的频率越高。图中圆圈最大的是放电站；平均输出；磁力场；放电站控制器；随机自适应控制算法；这 5 个圆圈出现的频率很高，可以初步认为是重要的技术点。

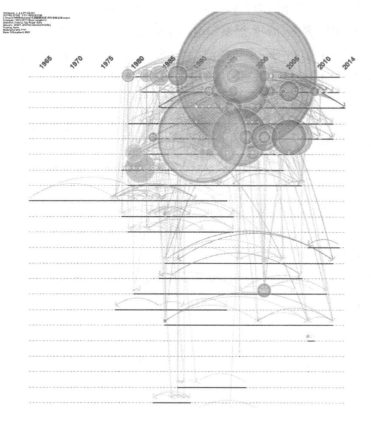

图 3-3　控制系统专利家族知识图谱

3.4.2.3　技术共类伙伴 TCP 的测度

此处运用大型文献处理软件 Bibexcel 对样本数据进行处理,即可得到共类矩阵,如下附页表 3-6 控制系统技术共类矩阵。通过从表中取值,计算每个技术类型于其他多少个技术类型之间存在着共类关系,TCP 数量的大小,反映了一个技术类型于其他技术类型之间的关联范围,TCP 的数值越大,表明技术类型与众多其他技术类型之间存在关联。

TCP 具体的计算步骤如下:首先,构建基于控制系统的 27*27 对称的专利技术共现矩阵,见附表 1 控制系统技术共现系数表。具体来看,表中的 C_{ij} 的每一个单元都代表了同时分类到技术 i 与技术 j 的专利数,而不同技术类别共现的现象刻画了技术关联关系;对角线上的元素代表了技术单独出现在一个专利分类中的情况。表中,控制系统这项战略性核心技术均用简称表示:1-T01、2-X22、3-X23、4-Q21、5-Q13、6-W06、7-W01、8-X21、9-W02、10-T06、11-W05、12-X25、13-Q64、14-Q52、15-S02、16-S05、17-W04、18-Q14、19-T04、20-Q18、21-X13、22-V06、23-Q17、24-Q63、25-P85、26-U24、27-X12。

进一步,本书按照计算公示(1),计算得出了控制系统战略性核心技术的各构成技术之间的关联关系,得到技术共类指数矩阵,见表 3-6。

3.4.2.4　技术共类指数 TCI 的测度

由表可知,X21 电动车辆与 T01 数字计算机技术共类指数为 0.73;W06 航空、海洋和雷达系统与 Q13 传输与控制系统技术共类指数为 0.54;W02 广播、无线电传输系统与 T01 数字计算机技术共类指数为 0.93;W05 警报、信号、遥测和电讯控制与 X23 电气化铁路与信号技术共类指数为 0.94;W05 警报、信号、遥测和电讯控制与 W06 航空、海洋和雷达系统技术共类指数为 0.86;W05 警报、信号、遥测和电讯控制与 W01 电话和数据传输系统技术共类指数为 0.87;W05 警报、信号、遥测和电讯控制与 W02 广播、无线电传输系统技术共类指数为 0.56;Q14 电子推进与座位和 T01 数字计算机技术共类指数为 0.87;Q18 制动控制系统与 Q64 皮带、链条和传动装置技术共类指数为 0.85;X13 开关设备、保护、电动驱动器与 S02 工程仪表、录音设备和通用测试方法技术共类指数为 0.8;X13 开关设备、保护、电动驱动器与 Q18 制动控制系统技术共类指数为 0.71。

综上可以看出,从静态的角度看,虽然不同技术之间的共类指数大小有所差异,但是技术共类指数在 0.5 以上的技术表示为技术关联紧密,意味着在发展战略性核心技术时,应着重关联发展这些有关联关系的技术。

那么,到底这 27 项关键技术之间应该如何聚类,可以通过下文的聚类分析获得答案具体见图 3-4 控制系统技术关联聚类图。

表 3-6 控制系统技术类共指数表

	1	2	3	4	5	6	7	8	9	10	11	12	13	14	15	16	17	18	19	20	21	22	23	24	25	26	27	MTCP
1	559																											15
2	577	241																										1
3	0	0	0																									1
4	0	0	0	0																								18
5	357	0	0	127	34																							18
6	337	0	0	67	12	0																						4
7	140	0	0	1	276	33	6																					6
8	236	0	0	131	0	0	276	0																				1
9	270	0	0	75	78	0	0	0	0																			4
10	196	0	0	159	31	44	146	0	88	75																		6
11	140	78	46	19	24	0	47	11	33	141	95																	2
12	0	0	0	1	302	0	0	0	0	0	0	0																0
13	0	0	0	11	310	0	0	0	0	0	0	0	0															3
14	0	0	0	79	41	0	0	0	0	0	0	0	19	14														3
15	0	0	0	0	10	0	0	0	0	0	0	0	0	0	54													3
16	215	0	0	35	1	12	36	0	77	36	1	0	11	43	13	43												3
17	0	0	0	0	183	0	0	0	0	0	0	0	0	0	0	0	0											1
18	261	0	0	12	0	0	8	0	0	0	0	0	0	0	16	12	0	1										8
19	0	0	0	0	120	0	0	0	0	0	0	0	0	0	0	0	0	59	0									2
20	42	0	0	3	42	0	0	0	0	13	0	0	0	0	0	1	3	99	0	24								2
21	70	0	0	4	46	0	0	0	0	38	1	0	23	21	24	72	0	22	0	10	0							0
22	0	0	0	0	77	0	0	0	0	0	0	0	0	0	0	0	0	2	0	0	0	0						1
23	0	0	0	17	171	0	0	0	0	0	0	0	0	55	0	0	0	34	0	34	0	0	0					2
24	0	0	0	0	0	0	0	0	0	0	0	0	0	0	0	0	0	0	0	0	0	0	0	0				0
25	51	0	0	3	0	0	0	0	2	4	0	0	0	0	0	0	0	11	1	0	0	0	0	0	0			0
26	44	0	0	13	1	42	23	0	0	11	15	0	0	0	0	0	0	38	0	2	0	1	11	0	0	74		0
27	0	0	0	2	14	0	0	0	0	0	0	0	0	0	0	0	0	1	2	2	0	0	1	0	0	0	0	0
TCP	15	1	1	18	18	4	6	1	4	6	2	0	3	3	3	3	1	8	2	2	0	1	2	0	0	0	0	3.85

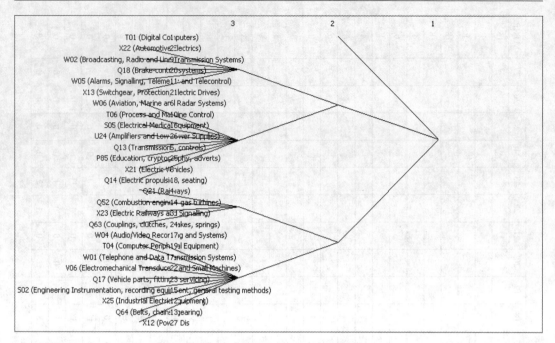

图 3-4　控制系统技术关联聚类图

3.4.2.5　聚类图

将由 Bibexcel 生成的技术共类矩阵导入到 ucinet 中,利用其中的 CONCOR 法进行凝聚子群分析如下:

通过凝聚子群分析,得出图 3-4 聚类图,形成四个直接联系的子群,分别是:X22,W02,Q18,W05,X13:即汽车用电子设备,广播、无线电传输系统,制动控制系统,警报、信号、遥测和电讯控制,开关设备、保护、电动驱动器。

W06,T06,S05,U24,Q13,P85,X21,Q14:即航空、海洋和雷达系统,过程和机器控制,电子医疗设备,放大器和低电源,传输与控制,教育、密码学和广告,电动车辆,电子推进、座位。

Q21,Q52,X23,Q63:即铁道,内燃机,燃气轮机,电气化铁路和信号,联轴器、离合器、刹车和弹簧。

W01,V06,Q17,S02,X25,Q64,X12:即电话和数据传输系统,机电换能器、小机器,车辆零部件和维修,工程仪表、录音设备和通用测试方法,工业电气设备,皮带、链条和传动装置,配电运行。

上述这些直接联系的节点构成强关系,强关系的作用是维系子群内部关系,而子群之间也通过一些桥点 T01 数字计算机形成弱关系,弱关系的作用使得更大的网络实现结构上的凝聚性。简而言之,弱关系存在决定了整个网络的存在。

3.4.3　高新技术产业战略性核心技术的识别——数字程控交换机

我国在高新技术装备产业领域始终处于落后地位,本书选择前阶段我国自主知识产权的高新技术装备:数字程控交换机作为研究对象。此产品是大容量综合集成系统,包括中央处理模块、通信控制模块、共享资源模块、中央交换网、线路接口模块、同步定时系统、后管理模块和综合告警箱九大部分组成。能提供标准物理接口和大型网络连接矩阵,通过软件加载指配网络资源和信令协议,构成各种大容量交换系统。通过上述描述可以看出该设备具有复杂性、交叉性、基础性等技术特点。我国通信装备生产企业严重缺乏战略性核心技术,从对标国际企业视角看,尚不具备独立自主知识产权。早期华为公司的数字程控交换机可以作为当时自主掌握的一项自主知识产权产品,尤其是 C & C08 型号产品,后期华为都是在此平台基础上继续开发的。因此,下文以数字程控交换机为分析对象。

3.4.3.1 技术研发活跃程度——全球专利申请态势分析

从德温特创新索引中以关键词及 DC 代码进行索引,经过数据去噪之后,截至 2017 年 2 月 21 日,已公开的专利申请量为 2307 条。

在 Web of Science 中,选择"Derwent database II",检索条件是:"digital program control exchange""stored program control exchange"和"digital stored program control exchange"得到 2307 条结果。按照被引频次排序,对专利结果进行分析,按照专利权人分析,得到表 3-7 数字程控交换机全球专利排名前十名位次。

表 3-7 数字程控交换机全球专利排名前十名位次表

专利权人名称	记录数	占 2307 条的 %
佳能 CANON KK	45	4.727 %
尼康 NIKON CORP	29	3.046 %
西门子 SIEMENS AG	27	2.836 %
索尼 SONY CORP	25	2.626 %
日本电气 NEC CORP	18	1.891 %
美国高通 QUALCOMM INC	16	1.681 %
东芝 TOSHIBA KK	16	1.681 %
IBM 商用机器公司 INT BUSINESS MACHINES CORP	14	1.471 %
日本理光 RICOH KK	12	1.261 %
韩国三星 SAMSUNG ELECTRONICS CO LTD	12	1.261 %

从上表可以看出排名前十的企业分别是日本的佳能、尼康、索尼、NEC、东芝、理光共 6 家;美国企业为 IBM、高通共两家;韩国企业为三星电子共 1 家。

3.4.3.2 核心技术识别

利用 Citespace 软件,绘制知识图谱。本书选择通过时间线绘图的方式自动生成分析结果。

以德温特代码 DC 码为关键词,结合突现词绘制的混合共现网络如下图 3-5 数字程控交换机专利家族知识图谱。前 11 个最大的聚类在图中以圆圈表示,分别是:控制运算—无线电通信设备;数字磁带录像机;比较性能—存储设备;天线;服务周期;微处理器;最低优先权;耦合—远程图像监控系统。其中的专利技术主要包括 T01 数字计算机;W01 电话和数据传输系统；W02 广播、无线电和线性传输系统；W04 音频／视频记录和系统；W03（TV and Broadcast Radio Receiver）电视和广播无线电接收器；U21（Logic Circuits, Electronic Switching and Coding, Basic logic circuits）逻辑电路、电子开关和代码,基本逻辑电路；T04（Computer Peripheral Equipment）计算机外部设备；U24 放大器和低电源；T06 过程和机器控制；U14（Memories, Film and Hybrid Circuits, Digital memories）存储器、胶片和混合电路、数字存储器；U13（Integrated Circuits）集成电路。图中的圆圈大小表示关键技术聚类出现频次的多少。因此,控制运算—无线电通信设备；数字磁带录像机；比较性能—存储设备；天线；服务周期；微处理器；最低优先权；耦合—远程图像监控系统是传感器的关键技术点。

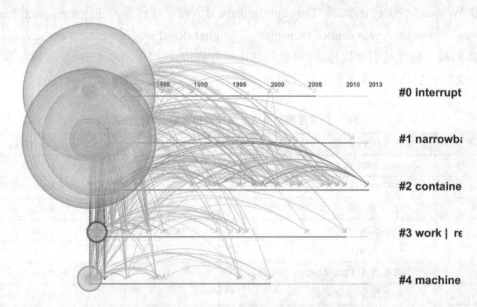

图 3-5　数字程控交换机专利家族知识图谱

3.4.3.3　技术共类伙伴 TCP 的测度

此处运用大型文献处理软件 Bibexcel 对样本数据进行处理,即可得到共类矩阵。通过从表中取值,计算每个技术类型于其他多少个技术类型之间存在着共类关系,TCP 数量的大小,反映了一个技术类型于其他技术类型之间的关联范围,TCP 的数值越大,表明技术类型与众多其他技术类型之间存在关联。

经过计算得到技术共类伙伴矩阵表 3-8。表中,传感器这项战略性核心技术均用简称表示：1-T01 数字计算机；2-W01 电话和数据传输系统；3-W02 广播、无线电和线性传输系统；4-W04 音频／视频记录和系统；5-W03 电视和广播无线电接收器；6-U21 逻辑电路、电子开关和代码,基本逻辑电路；7-T04 计算机外部设备；8-U24 放大器和低电源；9-T06 过程和机器控制；10-U14 存储器、胶片和混合电路、数字存储器；11-U13 集成电路。同前文思维逻辑一致,TCP 所在列的数字分别表示技术共类伙伴的个数。

表 3-8 技术共类伙伴矩阵

	1	2	3	4	5	6	7	8	9	10	11	TCP
1	577											0
2	220	259										1
3	280	76	61									2
4	143	80	100	5								3
5	109	0	0	0	0							1
6	164	0	0	0	0	0						1
7	91	0	0	0	0	73	0					2
8	70	0	0	0	0	0	10	0				2
9	63	0	0	0	0	0	19	0	5			2
10	54	0	0	0	0	0	0	0	5	0		2
11	46	0	0	0	0	49	4	0	0	9	14	4

进一步,本书按照计算公式(1),计算得出了战略性核心技术的各构成技术之间的关联关系,得到技术共类指数矩阵。

3.4.3.4 技术共类伙伴的测度

技术共类指数揭示的是两个技术类型之间的关联程度,通过计算得出技术共类指数,即 TCI。具体的计算表格如表 3-9 所示。

表 3-9 技术共类指数矩阵

	1	2	3	4	5	6	7	8	9	10	11
1	1										
2	0.3571	1									
3	0.7821	0.3115	1								
4	0.3257	0.4348	0	1							
5	0.2433	0	0	0	0						
6	0.3971	0	0	0	0	0					
7	0.1872	0	0	0	0	1	0				
8	0.1381	0	0	0	0	0	1	0			
9	0.1214	0	0	0	0	0	0	0	1		
10	0.1033	0	0	0	0	0	0	0	1	0	
11	0.0844	0	0	0	0	0	0.4	0	0	0	1
TCI_n	0.3340	0.1588	0.0909	0.0909	0	0.0909	0.1273	0	0.1818	0	0.0909

显而易见,W01 电话和数据传输系统与 T01 数字计算机的技术共类指数是 0.3571；W02 广播、无线电和线性传输系统与 T01 数字计算机的技术共类指数是 0.7821；W02 广播、

无线电和线性传输系统与 W01 电话和数据传输系统的技术共类指数是 0.3115；W04 音频 / 视频记录和系统与 T01 数字计算机之间的技术共类指数是 0.3257；W04 音频 / 视频记录和系统与 W01 电话和数据传输系统之间的技术共类指数是 0.4348；U21 逻辑电路、电子开关和代码与 T01 数字计算机之间的技术共类指数是 0.3971；

综上可以看出，从静态的角度看，虽然不同技术之间的共类指数大小有所差异，但是技术共类指数表示为技术关联的紧密程度，意味着在发展战略性核心技术时，应着重关联发展这些有关联关系的技术。

那么，到底这些项关键技术之间应该如何聚类，可以通过下文的聚类分析获得答案。

3.4.3.5　聚类图

将由 Bibexcel 生成的技术共类矩阵导入到 ucinet 中，利用其中的 CONCOR 法进行凝聚子群如图 3-6 所示。

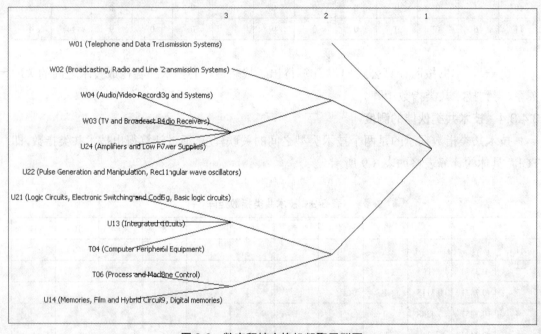

图 3-6　数字程控交换机凝聚子群图

通过凝聚子群（聚类）分析，形成三个直接联系的子群，分别是：

① W04，W03，U24，U22：即（Audio/Video Recording and Systems）音频 / 视频记录和系统；（TV and Broadcast Radio Receiver）电视和广播无线电接收器；（Amplifiers and Low Power Supplies）放大器和低电源是高端相关的技术群。

② U21，U13，T04：即（Logic Circuits, Electronic Switching and Coding, Basic logic circuits）逻辑电路、电子开关和代码，基本逻辑电路；集成电路和计算机外部设备是高端相关的技术群。

③ T06，U14：即过程和机器控制；存储器、胶片和混合电路、数字存储器是高度相关的技术群。

　　上述这些直接联系的节点构成强关系,强关系的作用是维系子群内部关系,而子群之间也通过一些桥点 W01 电话和数据转换系统,以及 W01 广播、无线电和线性转换系统形成弱关系,弱关系的作用使得更大的网络实现结构上的凝聚性。简而言之,弱关系存在决定了整个网络的存在。

　　通过上述对装备制造业三个分类中每一个分类选取一种产品,对该种产品进行战略性核心技术识别,发现都表现出相互关联的交叉性技术群特征。

第4章　研究设计与方法

　　本书在论证战略性核心技术形成机制的研究过程中主要采用质性研究方法，如案例研究、扎根理论等方法，这两种都是在进行分析定性资料时常用的研究方法。本章将对在研究中具体采用的案例研究方法和扎根理论方法进行详细的介绍。

4.1　案例类型选择

　　芬尼弗·普拉特（Fennifer Platt，2006）认为案例研究必须在充分考虑情境与研究问题契合程度的基础上进行科学的、富有逻辑的研究设计。在此基础上，殷（Yin，1994）更加明确地强调富有逻辑的研究设计就是实证性探究，该方法适用于现象与场景界限模糊，用以探究当前现象在实际生活场景下的状况。

　　在进行数据搜集与数据分析时要求：证据来源多重性，不同数据证据符合三角验证（triangulation）方式下收敛，且各数据能得到相同的结论；在清楚的问题意识指引下用事先发展（prior development）的理论命题搜集资料，探寻并分析案例中的焦点。

　　案例研究可以分为三大类，包括探索性（exploratory）、描述性（descriptive）及因果验证性（causal）案例研究。

　　本书研究的是"装备制造业战略性核心技术的形成机制"，研究的目标是构建并检验理论，属于揭示"为什么"，"如何"并验证其因果关系，因此因果验证性案例研究方法适合。

4.1.1　多案例研究探因

　　本书采用归纳法，希望从重复归纳的过程中得出共性的结论，因此，依据 Yin（1994）和艾森哈特（Eisenhardt，1990）及其他学者的建议，采用多案例研究方法。具体的，采用多案例研究有以下三点原因。

　　（1）研究问题的性质

　　本书的研究命题是装备制造业战略性核心技术形成机制，属于"是什么"和"怎么做"类型，"机制"类型的题目需要运用大量的例子，归纳出一般规律，以增强其普适性和科学性，基于此，本书选择使用多案例研究方法。

　　（2）研究问题的复杂性

　　基于本书论题的类型，排除单一案例研究。而嵌入式单案例研究是在相同情境下对相同企业进行聚焦，本书研究的是整个装备制造业，单一一家装备制造企业即使被分出若干分析单元，也无法概括出装备制造业全貌，因此也排除使用嵌入式单案例研究。

　　（3）验证性案例研究获得的理论具备实证效度

　　本书选择验证性研究范式主要是因为要检验装备制造业战略性核心技术形成的一般模

型,要验证其中各构成因素的作用方式和对战略性核心技术的影响方式,证明提出的形成机理的科学性。因此,本书在操作时将得到的一般模型作为待验证的对象,用跨案例分析的方法再一次验证了提出模型的正确性,增强了验证性案例的实证效度。

4.1.2 案例选择及典型性说明

Eisenhardt(1990)认为案例样本抽样不同于定量研究中样本抽样,案例研究中样本抽样应该基于理论需要而不是随机原则。本书研究的案例就是出于理论的需要而非随机抽取。格拉译和斯特芬斯(Glaser 和 Strauss,1965)认为案例选择时可以有目的的选择可能复制或者拓展新兴理论的案例。Eisenhardt 和 Yin 的观点,对于如何选择案例进行了补充,即案例选择的目的是在案例符合典型性和代表性的前提下归纳理论,而不是计算频率。桑德斯(Sanders,1982)建议多案例研究的最佳数目为 3~6 个,因此,本书作者选择了 3 家企业作为主要案例企业,1 家作为理论饱和性检验的案例企业。

同时,按照理论抽样的原则,主要选取了国家知名的装备制造企业作为本书装备制造业战略性核心技术形成机制的研究案例,它们具备了典型特征,是典型的装备制造企业。本书选择案例样本的标准是:①所选企业所在行业必须是装备制造业。②案例企业必须具有代表性,选取大连机床、中国中车和华为集团为研究对象。③企业具备自主知识产权技术。

所选取研究样本的典型性主要表现在企业本身和企业在战略性核心技术形成过程中的创新实践。一方面,大连机床的典型性表现在,它是中华人民共和国成立初期全国机床行业的十八罗汉之一,经历了改革开放和信息化建设的洗礼,是一家从仿制苏联产品获取技术到现今成为数控功能部件研发制造基地、全国大型的组合机床、数控机床研发与制造基地,自动化成套技术与装备、柔性制造系统以及中国机床行业的排头兵企业。因此,大连机床能够表征具有相同成长环境、技术基础和技术能力的这一类型企业的发展轨迹,即从无到有、从仿制到具有自主知识产权的战略性核心技术的类型企业。另一方面,大连机床在战略性核心技术形成的实践中典型性主要表现为,中华人民共和国成立以来,大连机床一致坚持跟随国家装备制造业产业发展规划,积极参与国家 863、963 攻坚研究,坚持自主创新和引进技术人才相结合,并获得良好成绩,在产品上实现了产品种类的拓展和品种的不断升级和换代,产品升级与技术更新形成了良性互动,最终成为在五轴联动数控机床领域拥有自主知识产权的行业领导者。因此,大连机床的实践能够代表具有相同公司战略导向并成功实现战略性核心技术掌控的一类型企业。

同理,中国中车和华为集团也具有类似的典型性。一方面,中国中车集团股份有限公司是经国务院同意,国务院国资委批准,由中国南车股份有限公司和中国北车股份有限公司按照对等原则合并组建的,其前身可以追溯到 1881 年,从中国第一台机车"龙号机车"诞生,到 1949 年中华人民共和国成立后成立铁道部厂务局,并在改革开放后成立了中国铁路机床车辆工业总公司,并分别于 2007 年和 2008 年成立了中国南车股份有限公司和中国北车股份有限公司。在铁路装备制造领域,中国中车历经改革开放和经济全球化的洗礼,从最初的仿制发展到现在具有独立自主知识产权的战略性核心技术的大型装备制造企业,中国中车能够表征具有相同成长背景和技术能力的企业的发展轨迹,能够代表一系列从无到有、从落后到先进的企业类型。另一方面,中国中车在战略性核心技术形成过程中的典型性表现在,中国中车坚持引进技术基础上再创新,在公司战略与国家战略高度匹配的基础上,通过引进吸收并最终独立研发获得了中国动车组的控制系统的战略性核心技术,获得良好的佳绩。其产品不断升级,并已成为一枚靓丽的国家名片,产品远销国外。2016 年底,中国中车颁布了体现和代表中国动车标准的新一代动车,标准着在独立自主知识产权方面又向前迈进一步,真正实现产品与技术的良性互动。因此,中国中车的实践能够代表具有相同公司战略导向并成功实践的一类企业。

华为技术有限公司成立于 1987 年深圳龙岗区坂田,是一家生产全球领先的信息与通信技术(ICT)解决方案的民营企业。一方面,华为的典型性表现在,改革开放以来,华为从仿制交换机到通过国际合作和持续不断的自主研发,最终实现自主创新并拥有高技术通信装备领域战略性核心技术的大型通信装备企业。因此,华为能够表征具有相同成长环境和技术能力的发展轨迹,能够表征从无到有,从落后到先进特征的一类型企业。另一方面,华为在技术引进后,源码基础上的交叉创新,并申请大量的自主知识产权专利,目前华为的产品在国际市场上享有盛誉。华为在产品上不断升级拓展,在技术上不断更新,实现产品与技术的良性互动,最终成为行业的领导者之一。因此,华为的实践过程能够表征具有相同技术战略导向并依次成功掌握战略性核心技术的一类型企业的实践。

4.1.3　研究的信度和效度

本研究从以下几个方面来保证研究的信度和效度。

①借助博士团队的平台作为本书作者的研究小组成员。

②多元证据资料的三角验证,通过访谈、公开披露的资料、企业网站、公司年鉴和专业性刊物登载的文章等多重证据来源进行检验。

③多案例研究本身比单案例研究具有更高的效度。

4.2　数据收集

本书遵照案例研究基本流程的方法范式,即:草案设计—数据收集—数据分析范式。

第一步,草案设计阶段,在真正开始数据收集之前,本书作者研读大量的目标案例企业的文献资料,包括企业网站资料、上市公司对外披露的资料、知乎和其他网络中的资料。

第二步,确定本研究的研究主题,即目标案例公司的战略性核心技术是如何形成的,揭示其形成机制。

第三步,通过中国知网和 Web of Science 两个数据库收集相关的专业性分析文献进行研读。

第四步,设计访谈大纲,访谈主要围绕"企业的核心技术是什么? 为了获得核心技术企业有哪些具体的创新实践? 合作企业是谁? 合作方式、目的和主要内容是什么? 获得核心技术过程中面临了哪些障碍？如何攻克的？能够获得核心技术有无以往技术积累？具体是哪些方面？

第五步，以访谈和文件档案为主筛选数据。

第六步，通过三角验证方式筛选真实可信的数据。

第七步，数据分析阶段认真誊抄并反复核对，并请博士团队中的一位同仁进行复核，出现不一致情况时，通过博士团队的微信平台及时讨论，反复甄别，直到达到一致并确认结论与数据之间高度匹配。

4.3　分析方法

4.3.1　扎根理论

扎根理论（grounded theory）研究方法的正式提出，始于格拉斯和斯特劳斯（Barney G.Glaser 和 Anselm L.Strauss）的《扎根理论的发现》（The Discovery of Grounded Theory）一书。

斯特劳斯（Strauss，1987）认为扎根理论是一种比较科学有效的定性研究方法，通过扎根在具体的时空、环境和事情发展脉络中，用归纳方法，分析现象、转化原始数据、抽象并概念化，在经验资料的基础上建立理论。Strauss 与科尔宾（Corbin，2007）给的定义是："一种运用体系化的程序，针对某一现象来发展并归纳式地导引出扎根的理论的质性研究方法。"

扎根理论研究方法具有理论生成与关注过程的特点，本书归纳性提炼出我国装备制造业战略性核心技术形成的机制，通过深度访谈精选的三个案例，继而在后期对数据进行挖掘与分析，弥补量化方法的不足，以期实现在理论上有一定的创新和突破。

本书的扎根理论的研究流程如图 4-1 所示。

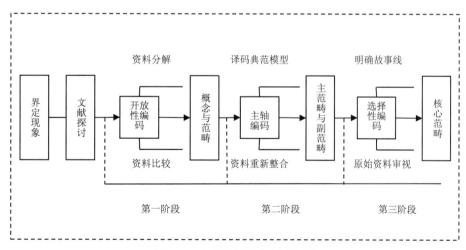

图 4-1　本书的扎根分析流程图

4.3.2　资料的扎根分析

Strauss 和 Corbin 在《质性研究概论》一书中,将编码的过程分为三个步骤,每一个步骤对应具体的编码过程:开放式编码(open coding)、主轴编码(axial coding)与选择性编码(selective coding)。

(1)开放式编码

第一个步骤是开放式编码,即逐字逐句阅读,对于其中的行动、事件、过程等片段加以分解、比较,然后赋予一个概念性的标签,这就是符码。符码应该简短而简洁,尽可能地贴近原始资料。符码可能比较抽象或者是引用当事人的遣词造句以生动的意象保存当事人的意义。

(2)主轴编码

第二个步骤是主轴编码,主轴编码的目的在于把上一步分解的符码,以一个范畴为主轴,重新组合成一个融会贯通的整体,以及在范畴中区分出不同的次范畴。

(3)选择性编码

第三个步骤是选择性编码,主要任务是识别具有统领其他所有范畴的核心范畴——验证核心范畴的属性与维度,和其他范畴的联结关系——保留联结紧密的次级范畴,剔除不紧密的次级范畴。需要注意的是:核心范畴一定是在开放性编码中自然涌现的、具有统领性、最大涵盖性,能够在与其他范畴间的比较中一再被证明的。

第5章 战略性核心技术形成机制的扎根分析

5.1 数控机床战略性核心技术的扎根分析

5.1.1 案例企业简介

本书在分析战略性核心技术形成机制时,是按照理论抽样,且满足前文界定的拥有自主知识产权的技术企业为筛选对象,分析成功企业的成功之处。后边案例均同理,不再赘述。

大连机床集团是中华人民共和国成立初期全国机床行业的十八罗汉之一,经历了改革开放和信息化建设的洗礼,是一家从仿制苏联产品获取技术到现今成为全国大型的数控机床研发与制造基地,是我国机床行业的排头兵。中华人民共和国成立以来,大连机床一致坚持跟随国家装备制造业产业发展规划,积极参与国家863、973攻坚研究,坚持自主创新和引进技术人才相结合,并获得良好成绩,在产品上实现产品种类的拓展和品种的不断升级和换代,产品升级与技术更新形成了良性互动,最终成为在五轴联动数控机床领域拥有自主知识产权的行业领导者。

5.1.2 开放性编码

本章关于大连机床集团案例的资料主要来源有两种:一种是直接资料,即通过对企业实际调研,与公司管理层及相关研发人员的深入访谈;另一种是间接资料,如CNKI、报纸、知乎、企业网站、贴吧等多媒体介质采集的间接资料,主要包括①大连机床集团有限公司的官网;②通过百度搜索到的相关报道及评论;③对CNKI、维普、万方数据库、读秀和谷歌学术等资源进行搜索,找到相关的论文资料进行整理。

根据扎根理论,将资料分析分为开放性编码、主轴编码和选择性编码三层次。以开放性编码为基础,对资料进行概念化和范畴化。本书对原始资料共贴出117个标签,标签之间彼此独立用"a+序号"表示。

在此过程中,对案例资料进行现象定义并将其上升为概念,再上升为范畴,然后聚类相同概念集中在相应范畴之下,以专业术语命名;合并表达一个含义标签,做进一步归纳,得到了109个概念,用"aa+序号"表示;并进一步范畴化,将109个概念浓缩成75个范畴,范畴的命名有的使用专用学术术语,有的为本书根据研究需要自创表达。本书用"A+序号"表示范畴。具体的开放性编码过程及范畴化过程详见表5-1大连机床集团有限公司案例的概念化和范畴化过程所示。

表 5-1 大连机床集团有限公司案例的概念化和范畴化过程

贴标签	概念化	范畴化
a1 大连重大技术装备配套轴承项目获得中国工业大奖表彰	aa1 重大技术装备配套轴承项目获得中国工业大奖表彰(a1)	A1 获得中国工业大奖表彰(aa1)
a2 政府支持企业技术改造和技术研发	aa2 政府支持技术改造和技术研发(a2)	A2 政府政策和政策支持技术创新(aa2/aa5/aa71)
a3 实现从传统产业为主导过渡到以新兴产业为主导的产业升级	aa3 产业升级从传统产业为主导过渡到新兴产业为主导(a3)	A3 从传统产业为主导过渡到新兴产业为主导(aa3)
a4 传统产业缺乏自主核心技术	aa4 传统产业缺乏自主核心技术(a4)	A4 传统产业缺乏自主核心技术(aa4)
a5 国家振兴东北老工业基地战略	aa5 国家出台振兴东北老工业基地战略，促进企业技术升级与改造(a5/a114)	A5 企业的产业链融入全球链条(aa6)
a6 重新布局产业链，将其纳入全球产业链	aa6 企业产业链纳入全球链条(a6)	A6 数控机床依赖进口(aa7)
a7 中国数控机床与日本同时起步，中国依旧依赖进口，日本却成为机床强国	aa7 中国数控机床一直依赖进口(a7)	A7 机床工业是装备工业核心，关乎产业安全(aa8)
a8 机床工业是装备工业核心，关系国家经济命脉和安全	aa8 机床工业是装备工业核心，关系国家安全(a8)	A8 世界机床竞争在数控机床(aa9)
a9 20 世纪 80 年代以后世界机床制造竞争焦点是数控机床	aa9 世界机床竞争焦点是数控机床(a9)	A9 缺乏认识，技术基础薄弱，人员素质低，设计能力差，配套基础元部件不过关(aa10/aa74)
a10 中国数控机床工业发展存在缺乏认识，技术基础薄弱，人员素质低，机床车体设计实力差，各种机、电、液、气配套基础元部件及数控系统不过关，工作不可靠，故障频繁的问题 ……	aa10 缺乏认识，技术基础薄弱，人员素质低，设计能力差，配套基础元部件不过关，故障频发(a10) ……	A10 政策不连续导致数控加床发展断续(aa11) ……

正文中对于概念化、范畴化都只列举了 10 条，全部的内容见附表 1。接下来进行主轴编码。

5.1.3 主轴编码

主轴编码的目的是借助范畴建立联结，构建围绕范畴之间的密集关系网络，以探究出数据之间的逻辑关联。主轴编码是通过运用因果条件—现象—脉络—中介条件—行动/互动策略—结果这一典范模型，将通过开放性编码得出的各项范畴联结在一起的过程。典范模型是扎根理论方法的一种重要分析工具，用以将范畴联系起来，并进一步挖掘范畴的含义。利用产生某个事件（主范畴）的条件、这个事件所依赖的脉络（也就是该范畴性质的具体维度指标）以及在实践中行动者采取的策略和采用的结果，有助于更多、更准确地把握该事件（主范畴）。因此，条件、脉络、策略和结果虽然也都是范畴，但都是与某一主范畴有关而用来帮助了解该主范畴的，故将其称为副范畴。特别说明，因果条件是指事物间引起与被引起的关系使之发生的条件。现象是指一组行动或互动的当中的事件，脉络是指一个现象的事件在它所面向范围内位置的综合，中介条件是指针对现象背后更广泛的背景所采取有助或抑制行动/互动上的一种条件，行动/互动是指针对现象采取的行动，结果是指行动完成时的状态或采取行动引起的结果。本书依据典范模型，得出对大连机床战略性核心技术形成机制的 8 个主范畴。详见下文表 5-2 主范畴形成的典范模型。

表 5-2　主范畴形成的典范模型

主范畴	因果条件	现象	脉络	中介条件	行动策略	结果
国家产业安全战略	A7	A4	A6	A9	A17	A34
市场布局	A42	A74	A20	A64/A58	A62/A50	A49
创新过程	A18	A15	A35	A61	A19	A40/A44
技术人才与研究机构	A14	A54	A13	A38	A47	A46
企业战略	A2	A10	A53	A36	A72	A48/A3
平台基础	A69	A8	A5/A60/A23	A21/A22	A37/A41	A43
创新氛围	A57/A55	A45/A68	A65	A67	A66	A1/A32/A33
知识产权	A73	A71	A31	A11/A28	A27	A39/A16

（1）产业安全主范畴的分析过程

在形成的众范畴之间，发现一组范畴：A7 机床工业是装备工业核心，关乎产业安全；A4 传统产业缺乏自主核心技术；A6 数控机床依赖进口；A9 缺乏认识，技术基础薄弱，人员能力低，设计能力差，配套基础元件质量不过关；A17 自主知识产权打破发达国家技术封锁和垄断；A34 用自主知识产权产品替代国外产品。上述范畴都在描述一个共同的事件：产业安全。在上述 6 个范畴之间存在着逻辑关系。借助典范模型发现，机床工业作为国家装备工业的基础，表现出缺乏自主核心技术的现象，缺乏自主核心技术的具体脉络和最综合的体现就是数控机床仍旧在依赖进口，是因为我国对机床行业缺乏认识，人员能力低下，总体设计能力差，相关上下游配套件质量和精度不过关等因素严重束缚和阻碍了我国数控机床的自主发展，加剧了对国外机床进口的依赖。为此，围绕技术攻坚，大连机床研发具有自主知识产权的国产机床，哪怕先从中低端做起，先解决从 0 到 1 的问题，再不断提高技术水平，通过具体的行动策略，实现了我国机床用自主知识产权产品替代了部分国外产品。上述过程正可以概括为产业安全。企业在响应国家对机床产业发展战略的规划下，采取了有计划有步骤的行动最终目标是实现机床产业自主发展，保障国家产业安全。

（2）市场布局主范畴的分析过程

存在这样一组范畴：A42 进行潜在需求分析；A74 组合机床及自动线、柔性制造系统产品产销量全国第一，市场占有率 30% 以上；A20 生产工厂向市场推移，以了解客户需求；A58 受国外经济形势影响行业增速放缓；A64 以租借机器的方式实现共赢；A62 布局全国和世界的销售渠道，A50 覆盖南北美、欧洲和亚洲市场的出口销售体系，A49 高档数控机床和加工中心占出口总额的一半。上述范畴都共同说明了一件事：市场布局。正因为企业进行了深入的市场潜在需求分析，并采取了生产工厂向市场推移，以了解客户需求，当遇到国外经济形势影响行业增速放缓，企业将市场开拓重点转向国内，通过以租借机器的方式实现共赢，并取得了组合机床及自动线、柔性制造系统产品产销量全国第一，市场占有率 30% 以上的成绩，最终实现布局全国和世界的销售渠道。

（3）创新过程主范畴的分析过程

同样发现一组范畴：A18 完善的技术创新体系；A15 从仿制到自行开发；A35 路径：拥有

核心专利—移植海外技术回国—二次创新；A61 采用科技孵化方式创新；A19 并购吸收国外先进技术；A40 关键技术和基础共性技术等领域有所突破和 A44 精密机床系列产品投入使用。上述范畴都在描述一个共同的事件：创新过程。在上述几个范畴之间存在着逻辑关系。借助典范模型发现，正是由于机械装备行业的技术创新体系在日臻完善使得企业可以实现技术从仿制到自行开发。具体通过这个路径：拥有核心专利—移植海外技术回国—二次创新。在这个过程中以科技孵化为中介条件，应用并购吸收国外先进技术的具体行动策略，最终实现在关键技术和基础共性技术领域实现突破并使自己生产的精密机床系列产品在国内外投入使用。

（4）技术人才与研究机构主范畴的分析过程

发现一组范畴：A14 拥有科研院所和研究机构；A54 创新产学研方式与高校形成利益纽带，共建有限公司 A13 储备人才，合资合作提升制造水平；A38 每年 5 亿元的研发投入；A47 技术人员定期去国外培训学习和 A46 集科研与制造为一体。上述范畴都在描述一个共同事件：技术人才与研究机构。在上述几个范畴之间存在着逻辑关系，借助典范模型发现，因为大连机床建立并拥有科研院所和研究机构，认真地储备人才，用合资合作方式提升制造水平，大连机床每年有 5 亿元的科研研发资金投入，并且持续地送技术人员定期去国外培训学习，表现出大连机床创新产学研方式与高校形成利益纽带，并且共建合作公司，最终实现集科研与制造为一体。

（5）企业战略主范畴的分析过程

存在如下一组范畴：A2 政府政略和政策支持技术创新；A10 政策不连续导致数控加床发展断续；A53 抓住了改革开放的机遇；A36 充分利用和响应国家政策；A72 三步走强企战略；A48 国际化战略获得了品牌、技术、市场和人才；A3 从传统产业为主导过渡到新兴产业为主导。它们之间表达了相同的事件：企业战略。正因为有政府战略和政策对企业技术创新的持续支持，企业抓住了改革开放的机遇，大连机床充分利用和响应国家政策（基础装备行业也曾经因为政策调控重点的转移，发生了政策不连续而导致数控机床发展阶段性间断的现象），大连机床提出了具体的企业三步走发展战略，并提出国家化战略获得品牌、技术、市场和人才，并最终实现从传统产业为主导过渡到新兴产业为主导的好结果。

（6）平台基主范畴的分析过程

存在如下一组范畴：A69 国内数控机床的关键功能部件制约机床产业发展；A8 世界机床竞争在数控机床；A5 企业的产业链融入全球链条；A23 公司目标成为互联网时代的制造专家；A60 确定未来数控机床制造内涵与重点；A21 利用互联网和移动终端搭建远程服务平台；A22 用多维度、智能化平台替代传统单一线性平台；A37 供应链上下游协同研发与合作形成产业联盟；A41 变传统一维单一方向服务理念为三平一云服务体系和 A43 DMTGa 智能数控系统实现从数控机床向智能机床的飞跃。这些范畴之间共同说明一个事件：平台基础。在基础装备工业领域以机床为例，国内数控机床的关键功能部件一直是制约机床产业发展的瓶颈。大连机床提出以产业链融入全球链条，致力于将公司打造成互联网时代的制造专家，确定了未来数控机床制造的内涵与重点，借助利用互联网和移动终端搭建远程平台,用多维度、智能化平台替代传统单一的线性平台,通过具体的供应链上下游协同研发与合作形成产业联盟,改变传统平台服务理念等具体措施,最终实现拳头产品智能数控系统实现从数控机床向智能机床飞跃。

（7）创新氛围主范畴的分析过程

A55 自己生产的与直接购买的相比；A57 产品链条宽、能适应不同行业、领域需求的产品多,但实际运行压力非常大；A68 制造模式、商业模式和技术方面进行全方位创新；A65 创建了一个适合企业发展需要的经营理念体系；A67 将企业文化融于制度建设；A66 建立学习型组织,构建多形式、多层次、开放型、立体化的终身教育体系；A1 获得中国工业大奖表彰；A32 能提供国内技术水平最高的生产线和 A33 在军工的关键设备领域替代国外产品。上述主范畴共同表达了一个事件:创新氛围。

（8）知识产权主范畴的分析过程

同样按照典范原则,分析出如下范畴共同表述一个事件:知识产权。具体范畴如下:A73 核心技术必须拥有自主知识产权；A71 国家级数控功能部件产业化基地；A31 为国家重点行业和领域提供关键核心设备；A11 引进技术再创新；A28 执行智能化管理；A27 产品制造过程高于国家标准,参照世界标准；A39 部分领域拥有自主知识产权和品牌,达到或接近世界机床的先进水平；A16 高端产品上市逼迫国外同类产品降价。

5.1.4　选择性编码

结合对企业访谈的结果,发现"企业战略"是驱动其他要素的关键要素,它具有统领性和核心性的作用,能够串联起其他范畴,围绕企业战略能够形成故事线。因此,企业战略是全部联动现象的核心范畴,即:案例一大连机床集团的范畴化为"企业战略驱动了战略性核心技术的形成"。

5.2　控制系统战略性核心技术形成机制的扎根分析

5.2.1　案例企业简介

中国中车集团股份有限公司是经国务院同意,国务院国资委批准,由中国南车股份有限公司和中国北车股份有限公司按照对等原则合并组建的。其前身可以追溯到 1881 年,中国第一台机车"龙号机车"诞生。1949 年中华人民共和国成立后成立铁道部厂务局,改革开放后成立中国铁路机床车辆工业总公司。并分别于 2007 年和 2008 年成立了中国南车股份有限公司和中国北车股份有限公司。在铁路装备制造领域,中国中车历经改革开放和经济全球化的洗礼,从最初的仿制发展到现在具有独立自主知识产权的战略性核心技术的大型装备制造企业。中国中车坚持在引进技术基础上再创新,在公司战略与国家战略高度匹配的基础上,通过引进吸收并最终独立研发获得了中国动车组的控制系统的战略性核心技术,获得良好的佳绩。其产品不断升级,并已成为一枚靓丽的国家名片,产品远销国外。2016 年底,中国中车颁布了体现和代表中国动车标准的新一代动车,标志着在独立自主知识产权方面又向前迈进一步,真正实现了产品与技术的良性互动。

5.2.2　开放性编码

本部分资料来源于对中国中车集团的调研和访谈,并收集了大量来自 CNKI、以及维普和超星等的学术资料、知乎评论和相关博客内容、网络视频和电视报道,资料十分丰富。

本章依旧使用上一分析大连机床的思路,按照扎根理论开放式编码的操作步骤,分析分解原始资料,共贴出彼此独立的 266 个标签,用"a+"序号表示。完成贴标签工作后,接下来的步骤是对标签进行概念化和范畴化。该步骤将 266 个标签概括成 172 个概念,用"aa+"序号表示,并进一步浓缩成 130 个范畴,用"A+"序号表示,具体过程如表 5-3 所示。

表 5-3　概念化和范畴化过程

贴标签	概念化	范畴化
a1 高层领导人认可和信赖高铁技术 a2 组织和管理不善导致高铁事故 a3 核心能力是买不来的 a4 外企替代不了中国企业和中国工业 a5 中国政府和中国工业对技术的主导权不可替代 a6 原铁道部认为中国高铁技术来源于引进消化、吸收再创新 a7 200~250 公里高速列车制造技术通过引进消化再创新获得 a8 300~350 公里高速列车通过自主研制获得 a9 350 公里 CRH380 高速动车组自主研制获得 ……	aa1 国家领导人认可和信赖高铁技术(a1) aa2 组织和管理不善导致高铁事故(a2) aa3 核心能力买不来(a3) aa4 中国政府和中国工业对技术的主导权不可替代(a4/a5/a91) aa5 高铁技术源于引进、吸收再创新(a6/a7/a26) aa6 自主研制获得高铁技术(a8/a9) aa7 高铁技术的另一来源是既有的技术积累和技术能力基础(a10/a11/a27) aa8 买来的只是生产技术/能力不是设计能力(a12/a18) aa9 中外合资企业生产的列车无技术转让费(a13) ……	A1 国家领导人信赖高铁技术(aa1) A2 组织和管理不善导致高铁事故(aa2) A3 核心能力买不来(aa3) A4 国家对技术主导权(aa4) A5 引进、吸收再创新(aa5) A6 自主研制(aa6/aa36/aa62/aa78) A7 技术积累和技术能力基础(aa7) A8 设计能力买不来(aa8) A9 中外合资可无技术转让费(aa9) ……

本书在正文中展现 9 条编码过程,详细表格内容见附表 2。

5.2.3　主轴编码

上文中对中国高铁战略性核心技术形成的开放性编码在概括的程度上还不够,有些非常简单的词语抽象,没有反映出范畴之间的联系。借助典范模型,对中国高铁战略性核心技术驱动因素得出 12 个主范畴,详见下文表 5-4 主范畴形成的典范模型。

表 5-4　主范畴形成的典范模型

主范畴	因果条件	现象	脉络	中介条件	行动策略	结果
产业安全	A4	A83	A22	A49	A43/A42	
国家战略布局	A20/A81	A23/A40	A122	A84	A117	A129
创新环境	A39	A59/A30	A29	A75	A69	A77
铁路装备工业基础	A103	A124	A110	A7/A21	A15	A41

主范畴	因果条件	现象	脉络	中介条件	行动策略	结果
人才和科研	A90	A99	A114	A67	A34/A35	A74
知识产权和标准	A119	A95/A100	A120	A121	A104/A68	A113/A91/A127/A96
市场竞争	A86	A82	A76	A50	A108	A107/A130
创新过程	A54	A53	A51/A5/A6	A66	A18	A19
企业战略	A88	A9/A10/A80 A89	A94	A92	A97	A109
技术能力培养	A3/A8/A13	A11	A16/A24	A25	A51	A14
技术输出方影响	A65	A45	A46/A47	A44	A27	A125
组织与管理	A106	A2	A37	A38	A101/A102/A123	A60/A36

（1）产业安全主范畴的分析过程

使用典范模型，按照"因果条件—现象—脉络—中介条件—行动策略—结果"的分析思路，发现存在以下范畴共同说明一个主题：产业安全。具体范畴是 A4 国家对技术主导权；A83 铁路装备工业核心竞争力受到国家长远战略和布局驱动影响；A22 高铁是建设创新型国家需要；A49 复杂性技术装备系统不能对外开放；A43 中国铁道工业不允许直接在华销售产品；A42 市场换技术的两个要素是允许外资在华设厂和允许外资在华销售其产品。

（2）国家战略布局主范畴的分析过程

使用典范模型，按照"因果条件—现象—脉络—中介条件—行动策略—结果"的分析思路，发现存在以下范畴共同说明一个主题：国家战略布局。A20 国家创新战略导向驱动内生技术能力；A81 高铁技术创新受到市场和政策推动；A23 政府发布高铁自主创新行动计划；A40 国家科技计划对关键领域技术进行布局；A122 国家政策指导高铁技术发展；A84 市场有序良性竞争受到国家政策和产业布局影响；A117 铁道部国产化政策有利于制造能力的构建却无法构建设计能力和 A129 走出去战略。

（3）创新环境主范畴的分析过程

使用典范模型，按照"因果条件—现象—脉络—中介条件—行动策略—结果"的分析思路，发现存在以下范畴共同说明一个主题：创新环境。A39 计划体制限制创新；A59 缺乏包容失误的宽松环境；A30 大规模技术引进有好处；A29 传统观念和组织习惯阻碍建立高效制造体系；A75 引进技术容易导致依赖心理；A69 技术进步情境改变习惯和观念；A77 社会氛围和舆论环境抑制技术创新。

（4）铁路装备工业基础主范畴的分析过程

使用典范模型，按照"因果条件—现象—脉络—中介条件—行动策略—结果"的分析思路，发现存在以下范畴共同说明一个主题：工业基础。A103 工业基础不牢；A124 基础理论研究、关键技术研究、集成技术与示范应用等研究都是事关高铁前途和命运；A110 基础材料科学是薄弱环节；A7 技术积累和技术能力基础；A21 铁路装备工业技术能力基础促进高铁技术能力形成；A15 铁路装备工业现有技术能力基础再有技术引进和 A41 高铁技术引进不是市场换技术。

（5）人才和科研主范畴的分析过程

使用典范模型，按照"因果条件—现象—脉络—中介条件—行动策略—结果"的分析思路，发现存在以下范畴共同说明一个主题：人才和科研。A90 大量一流科研人员持续坚持；A99 承担国家级重大课题；A114 承担 973 国家项目；A67 实验中心中的工程师解决故障；A34 研发中心和国家实验室；A35 购买全套试验设备；A74 试错试验发现技术原理。

（6）知识产权和标准主范畴的分析过程

使用典范模型，按照"因果条件—现象—脉络—中介条件—行动策略—结果"的分析思路，发现存在以下范畴共同说明一个主题：知识产权和标准。A119 高铁走出去的障碍是知识产权和国际标准化；A95 运行控制系统、转向架和无咋轨道板具有自主知识产权；A100 南车集团具有自主知识产权的关键系统及部件：高速转向架、动车组总成、车钩、车体、受电弓、内装、网络控制、辅助供电系统、牵引系统、制动系统、空调系统、牵引变流器、牵引变压器、网络控制系统、牵引电机；A120 通过对标准的发言权争取标准制定权，从而实现科技领域领导权和贸易竞争主动权，争取更大的利益；A121 中国标准动车组强调安全可靠、自主研发知识产权、统型化、标准化、系列化、自主研发；A104 启动标准动车组项目；A68 企业发明专利；A113 打破国外对中国技术垄断，成为国际标准制定参与者；A91 无知识产权纠纷；A127 CRH380A 通过美国知识产权审查、无侵权行为和 A96 自主知识产权与其他国家无知识产权纠纷。

（7）市场竞争主范畴的分析过程

使用典范模型，按照"因果条件—现象—脉络—中介条件—行动策略—结果"的分析思路，发现存在以下范畴共同说明一个主题：市场竞争。A86 竞争招标；A82 市场需求巨大；A76 中国有自主标准不能制造；A50 高铁速度和规模世界领先；A108 系统集成、制造和运营管理能力上中国高铁世界领先；A107 CRH380A 的安全稳定性高于欧盟，其最大脱轨系数为 0.34<0.8 的欧盟标准；A130 到 2015 年底，我国高速铁路运营里程达 1.9 万千米以上，居世界第一，占世界高铁总里程 50% 以上。

（8）创新过程主范畴的分析过程

使用典范模型，按照"因果条件—现象—脉络—中介条件—行动策略—结果"的分析思路，发现存在以下范畴共同说明一个主题：创新过程。A54 特色需求驱动创新；A53 列车系统技术性能决定了创新技术参数和边界；A51 技术应用是保持持续创新和获取回报的；A5 引进、吸收再创新；A6 自主研制；A66 创新来源于要解决的问题；A18 CRH2C 核心系统国产化和 A19 CRH380A 是自主设计的。

（9）企业战略主范畴的分析过程

使用典范模型，按照"因果条件—现象—脉络—中介条件—行动策略—结果"的分析思路，发现存在以下范畴共同说明一个主题：企业战略。A88 中国仍需进口外国企业的高技术部件；A9 中外合资可无技术转让费；A10 技术转让费高昂；A80 长期使用落后设备阻碍技术进步;A89 中国国产化率低;A94 铝合金车体、接触网和牵引供电系统已国产化;A92 部分实现国产化;A97 国产化率提升零部件进口替代机会;A109 关键子系统、关键零部件和关键基础材料,中国还处于追赶学习状态。

（10）技术能力培养主范畴的分析过程

使用典范模型,按照"因果条件—现象—脉络—中介条件—行动策略—结果"的分析思路,发现存在以下范畴共同说明一个主题:技术能力培养。A3 核心能力买不来;A8 设计能力买不来;A13 技术开发能力买不来;A11 技术引进来只知是什么不知道为什么;A16 引进消化促进技术能力增长;A24 技术引进示范效应促进技术能力成长;A25 国家支持和自主创新驱动技术能力增长;A51 技术应用是保持持续创新和获取回报的和 A14 技术竞争力源于技术创新。

（11）技术输出方影响主范畴的分析过程

使用典范模型,按照"因果条件—现象—脉络—中介条件—行动策略—结果"的分析思路,发现存在以下范畴共同说明一个主题:技术输出方影响。A65 国外竞争对手紧张中国的技术研发;A45 外国企业无法塑造中国铁路工业的消费观念和习惯;A46 被塑造消费观念将形成消费者压力;A47 没有外国资本所有权介入;A44 外国企业希望中国是产品销售地;A27 外资企业重组中国人的生产习惯和制造系统;A125 外资觊觎中国市场而有限制的技术输出,采用与产品捆绑方式。

（12）组织与管理主范畴的分析过程

使用典范模型,按照"因果条件—现象—脉络—中介条件—行动策略—结果"的分析思路,发现存在以下范畴共同说明一个主题:组织与管理。A106 高铁技术储备不足;A2 组织和管理不善导致高铁事故;A37 建立正式开发流程;A38 依赖信息基础;A101 半军事化管理和先进组织制度以及车辆维护体系是保障;A102 全路统一标准的检修设施配置和统一的检修制度世界唯一;A123 经费使用方案;A60 严格的科技创新流程管理体系和 A36 协调和系统性研究。

5.2.4 选择性编码

发现"政府战略布局"是驱动其他要素的关键要素,它是故事线,能够将其他次范畴串联起来。因此,政策是全部联动现象的核心范畴。中国中车集团核心问题范畴化为"政府战略布局驱动了战略性核心技术的形成"。

5.3 数字程控交换机战略性核心技术形成机制的扎根分析

5.3.1 案例企业简介

华为公司建于 1988 年,是通过"贸—工—技"成长起来的企业。由于不满足于简单的代理加工模式,通过"反向工程"做自主开发但初期并没有成功。

20 世纪 80 年代末,华为抓住我国由固定交换进入数字交换的机遇,上马数字程控交换,并研制成功占据大量市场份额。在此后发展中,华为面对国内外企业激烈的市场竞争,经受住了考验,存活了下来,并逐步发展壮大。发展过程中,华为不断加大对核心技术和核心产品的投入, 1994 年底研制出拥有自主知识产权的 C&C08 万门局用数字程控交换机。1995 年华为设备终于挤进主流市场。随后,华为专利申请连年以高于 100% 的速度增长,是发展中国家申请 PCT 国际专利最多的企业之一,2002 年专利申请量已累计突破 2000 件。

5.3.2　开放式编码

本章关于华为公司的案例资料来源于技术人员访谈,并收集的大量来自于 CNKI,以及维普和万方上的关于华为的学术文献,从百度中搜索到的网络视频和报道,知乎评论和相关博客内容,间接资料非常丰富。

本章仍按照扎根理论开放式编码操作步骤,对华为公司资料进行分解并概念化,共贴出彼此独立的 150 个标签,用"a+"序号表示。完成贴标签工作后,接下来的步骤是对标签进行概念化和范畴化。该步骤将 150 个便签概括成 123 个概念,用"aa+"序号表示,并进一步浓缩成 78 个范畴,用"A+"序号表示,具体过程如表 5-5 所示。

表 5-5　概念化和范畴化过程

贴标签	概念化	范畴化
a1 公司愿景是成为世界级高技术通信公司	aa1 独立自主成为世界级高技术通信公司的愿景(a1/a7)	A1 独立自主成为世界级高技术通信公司(aa1/aa66/a100)
a2 企业家对市场潜力的预判能力和抱负心理	aa2 企业家市场预判力和抱负(a2)	A2 企业家才能(aa2/aa108)
a3 创造机会,引导消费是先驱者的座右铭,华为要成为先驱者	aa3 创造机会,引导消费(a3/a4/a5)	A3 创造机会,引导消费(aa3)
a4 抓住机会与创造机会是两种不同的价值观,左右国家与企业的发展道路	aa4 战略导向是发展核心技术和自主品牌,只做通信(a6)	A4 聚焦通信核心技术做自主品牌(aa4)
a5 华为必须创造机会,以顾客需求为基础	aa5 渐进式创新(a8/a93)	A5 渐进式创新(aa5)
a6 华为以发展核心技术,研发自主品牌产品为战略主导,坚守只做通信产品	aa6 全球研发机构、联合研发中心、国家重点实验室(a9/a10/a11/a55/a56)	A6 全球联合研发(aa6/aa34)
a7 华为愿景目标是独立自主,用卓越产品屹立世界	aa7 合资与收购(a12/a13)	A7 合资与收购(aa7/aa35/aa47)
a8 华为新产品开发规定新技术、新工艺、新材料不得超过 10%,余下必须是用过的成熟的	aa8 引入国际先进管理模式(a14)	A8 学习国际先进管理模式(aa8/aa32/aa33)
a9 华为建立全球研发所	aa9 专利国际申请中国第一(a15)	A9 申请国际专利(aa9)
a10 华为建立联合研究中心和实验室	aa10 研发投入占销售额 10%(a16/a48/a124)	A10 高比例研发投入(aa10)
……	……	……

本书在正文中展现 10 条编码过程,详细表格内容见附表 3。

5.3.3　主轴编码

上文中对华为有限公司战略性核心技术形成的开放性编码在概括的程度上还不够,有些非常像简单的词语抽象,没有反映出范畴之间的联系。本书得出华为公司战略性核心技术驱动因素的 8 个主范畴,详见表 5-6。

表 5-6 主范畴形成的典范模型

主范畴	因果条件	现象	脉络	中介条件	行动策略	结果
产业安全	A23/A51	A26	A37	A25	A30/A14	A52/A53
公司战略	A40	A45	A17	A2	A59/A74/A7	A1/A77
市场机制	A3	A69	A19	A59	A27/A32/A34/A35	A54
制度环境	A65	A11	A12	A78	A20/A68	A75
知识产权	A62	A9	A50	A49	A71	A48
研发机制	A73	A10	A63	A33	A6/A72	A44
先进的管理模式	A8	A57	A31	A38	A28/A29/A67	A47
技术平台	A46	A66	A16	A61	A22/A5	A43

（1）产业安全主范畴的分析过程

使用典范模型，按照"因果条件—现象—脉络—中介条件—行动策略—结果"的分析思路，发现存在以下范畴共同说明一个主题：产业安全。A23 信息安全影响国家安全；A51 不掌握最底层核心芯片研发技术；A26 中国电信被外国企业垄断；A37 保留核心业务中的核心业务；A25 集成创新并整合边缘技术；A30 非核心业务外包；A14 技术设计及能力积累；A52 掌握专用芯片研发技术和 A53 掌握板级开发技术。

（2）公司战略主范畴的分析过程

使用典范模型，按照"因果条件—现象—脉络—中介条件—行动策略—结果"的分析思路，发现存在以下范畴共同说明一个主题：公司战略。A40 因市场需求旺盛，进入设备制造业；A45 成本竞争力；A17 技术优势包括能力平台规划 / 研发和领先市场；A2 企业家才能；A59 人力资源池；A74 绩效激励；A7 合资与收购；A1 独立自主成为世界级高技术通信公司和 A77 永不进入信息服务业。

（3）市场机制主范畴的分析过程

使用典范模型，按照"因果条件—现象—脉络—中介条件—行动策略—结果"的分析思路，发现存在以下范畴共同说明一个主题：市场机制。A3 创造机会，引导消费；A69 国际化竞争激烈；A19 为客户服务不能被客户牵制；A59 人力资源池；A27 技术驱动转向市场驱动；A32 国际市场开拓；A34 业务来源分析；A35 端到端服务和 A54 一揽子解决方案。

（4）制度环境主范畴的分析过程

使用典范模型，按照"因果条件—现象—脉络—中介条件—行动策略—结果"的分析思路，发现存在以下范畴共同说明一个主题：制度环境。A65 成功的关键因素是技术、人才、资本、管理和服务；A11 企业文化；A12 华为基本法；A78 三权分立治理机制；A20 危机管理；A68 重视一次就做对和 A75 相互信任的环境。

（5）知识产权主范畴的分析过程

使用典范模型，按照"因果条件—现象—脉络—中介条件—行动策略—结果"的分析思路，发现存在以下范畴共同说明一个主题：知识产权。A62 基础性专利保护范围宽泛；A9 申请国际专利；A50 全球专利布局；A49 加入国际行业制定标准的机构；A71 知识产权管理和

A48 交叉许可专利。

（6）研发机制主范畴的分析过程

使用典范模型，按照"因果条件—现象—脉络—中介条件—行动策略—结果"的分析思路，发现存在以下范畴共同说明一个主题：研发机制。A73 研发是高风险；A10 高比例研发投入；A63 聚焦核心技术、前沿技术、基础技术的研发和跟踪；A33 合作创新；A6 全球联合研发；A72 联合研制最新技术和 A44 技术预见力。

（7）先进管理模式主范畴的分析过程

使用典范模型，按照"因果条件—现象—脉络—中介条件—行动策略—结果"的分析思路，发现存在以下范畴共同说明一个主题：先进管理模式。A8 学习国际先进管理模式；A57 引入国际知名公司的人力资源与供应链管理；A31 动态蛛网式全球生产网络；A38 全球化 IT 服务系统；A28 研发管理委员会与价值链管理；A29 过程管理与质量控制；A67 规范化技术创新流程管理和 A47 基于模块化的虚拟再整合模式。

（8）技术平台主范畴的分析过程

使用典范模型，按照"因果条件—现象—脉络—中介条件—行动策略—结果"的分析思路，发现存在以下范畴共同说明一个主题：技术平台。A46 大公司靠平台；A66 技术研发体系；A16 技术与市场互补互动；A61 创新具有累积性和衍生性；A22 平台上集成创新；A5 平台上渐进式创新和 A43 基于核心技术开发系列产品平台。

5.3.4　选择性编码

经过研究发现，战略一致性在驱动华为形成战略性核心技术，形成自己独特竞争优势的技术创新过程中发挥凝聚作用，推导出华为战略性核心技术形成的核心范畴是公司战略的结论。

第6章 基于扎根分析的案例比较与模型构建

通过前文的分析，本书对生产数控机床、控制系统、数字程控交换机的三家公司案例资料进行扎根分析，识别出企业战略性核心技术形成的若干范畴及核心范畴，再对三家因案例公司进行跨案例比较，以期通过识别三家案例公司的差异，发现共性因素，继而探寻背后的真相，奠定理论构建的基础。

下文的研究步骤是：第一，比较三个案例公司在开放性编码中得到的公共范畴，这些公共范畴就是跨案例比较研究的范畴；第二，通过跨案例比较，找出其内在关系及内在机理；第三，建立战略性核心技术形成机制一般模型。

6.1 三案例范畴比较

6.1.1 基于范畴归类提取公共范畴

通过对三个案例的开放性编码进行汇总，其中数控机床案例 75 个、控制系统 130 个、传感器案例 78 个，合计共 283 个范畴。找出三个案例所共有的公共范畴，经过归纳，共得出 9 个。跨案例研究的范畴由 9 个公共范畴构成，具有普适性的特点。本研究对于三个案例公共范畴的比较如下。详见表 6-1。

表 6-1 三案例公共范畴比较

公共范畴及细目		数控机床	控制系统	数字程控交换机
产业安全	1. 技术封锁与独霸 2. 限制中国 3. 垄断中国市场	1. 严密控制 2. 价格非常高 3. 部分关键部件被垄断	1. 提防中国对技术主导 2.3. 隐性限制与垄断	1. 不掌握最底层核心芯片技术 2.3. 电信市场被外国企业垄断
市场竞争	1. 市场需求巨大 2. 市场开拓 3. 定制化解决方案	1. 远销世界 2. 海外市场开拓 3. 贴近市场并定制化	1. 巨大需求 2. 一带一路沿线 3. 定制化	1. 国际市场开拓 2. 国际竞争激烈 3. 一揽子解决方案
知识产权	1. 知识产权战略 2. 自主知识产权 3. 参与标准制定	1. 有战略 2. 拥有 3. 参与制定	1. 有战略 2. 拥有 3. 参与制定	1. 有战略 2. 拥有 3. 发布标准
公司战略	1. 资本和市场整合 2. 国产化	1. 合资与收购 2. 技术成果转化好	1. 中外合资 2. 国产化	1. 合资与收购 2. 国产化
平台基础	1. 依托基础材料 2. 依托累积技术能力 3. 依托技术研发体系 4. 平台产生系列产品	1. 具有一定基础 2. 较好 3. 较好 4. 较丰富	1. 一般 2. 较好 3. 良好 4. 较丰富	1. 一般 2. 较好 3. 良好 4. 丰富

公共范畴及细目		数控机床	控制系统	数字程控交换机
先进管理	1. 信息化管理 2. 先进的供应链管理 3. 技术创新流程管理	1. 信息化并两化融合 2. 供应链伙伴关系管理 3. 先进的技术认证体系和科学管理	1. 强调信息基础 2. 协调和系统性价值增值管理 3. 尊重科学规律基础上的严格科技创新流程管理	1. 全球化IT服务系统 2. 基于模块化的虚拟再整合模式 3. 创新流程管理与质量控制
人才与研发激励	1. 研发人才与研发设备 2. 研发经费投入 3. 联合研发中心/实验室 4. 承担国家级课题 5. 精神与资金奖励 6. 宽松互信的氛围	1. 高 2. 高、持续、稳定 3. 较多 4. 较多 5. 有 6. 具备	1. 非常高 2. 持续、稳定、非常高 3. 良好 4. 多 5. 较多 6. 较一般	1. 高 2. 持续、稳定、高 3. 很多 4. 多 5. 很多 6. 非常好
创新氛围	1 社会观念与组织习惯 2. 社会舆论与宽松环境	1. 社会观念阻碍人才储备 2. 环境与宽容心态缺乏	1. 传统观念和组织习惯阻碍创新 2. 缺乏包容失误的宽松环境	1. 建立相互信任的创新环境
创新活动	1. 引进并吸收技术 2. 模仿创新 3. 合作创新 4. 自主研发再创新	1. 是 2. 是 3. 是 4. 集成创新	1. 是 2. 是 3. 无 4. 自主研发并原始创新	1. 是 2. 是 3. 是 4. 整合边缘技术再集成创新

资料来源:作者根据前文内容整理。

　　通过上面的对比分析,本书得出装备制造业战略性核心技术构成的因素最终是9个公共范畴,进而总结出规律性的要素,进一步探究装备制造业战略性核心技术形成的理论模型。经分析,产业安全、市场竞争、氛围创新、公司战略、知识产权、先进管理、研发与激励、平台基础是9个公共范畴;而其余的企业家、创新环境、制度环境、技术能力、国家扶持等在部分单独个案中出现,缺乏共性。

6.1.2　基于公共范畴的形成机制比较

　　以上通过对数控机床、控制系统和数字程控交换机生产公司三个案例的编码分析分别得出了各自的范畴,通过对范畴进行对比,共识别出9个公共范畴即机制的驱动因子。接下来,通过进一步对各个案例中的公共范畴作用力大小的比较来进行总结,并试图探索出形成机制的模型。

　　(1)基于公共范畴的数控机床生产企业驱动力大小比较

　　本部分采用访谈评分法,对影响大连机床股份有限公司战略性核心技术形成的企业高管和技术研发人员进行访谈,然后通过问卷,由管理层和研发人员对这9个公共范畴在本企业技术创新中的作用按照大小进行打分,将打分收集回来以后,通过对评分结果取均值,再换算成百分制打分。将结果按照1~9排序,1表示力量最强,具体操作如表6-2大连机床公因子作用强弱比较。

表 6-2　数控机床生产企业公共范畴作用强弱比较

	产业安全	市场竞争	知识产权	公司战略	平台基础	先进管理	人才与研发激励	创新氛围	创新活动
结果排序	1	2	7	8	5	9	6	4	3
驱动力强弱	高	高	中	中	高	中	中	高	高

（2）基于公共范畴的控制系统生产企业驱动力大小比较

本部分采用访谈评分法,对中国中车集团战略性核心技术形成的企业管理层和研发人员进行访谈,然后通过问卷,由关键人物对这 9 个公共范畴在本企业技术创新中的作用按照大小进行打分,将打分收集回来以后,通过对评分结果取均值,再换算成百分制打分。将结果按照 1~9 排序,1 表示力量最强,具体操作如表 6-3 中国中车公因子作用强弱比较。

表 6-3　控制系统生产企业公共范畴作用强弱比较

	产业安全	市场竞争	知识产权	公司战略	平台基础	先进管理	人才与研发激励	创新氛围	创新活动
结果排序	1	3	7	8	2	9	6	5	4
驱动力强弱	高	高	中	中	高	中	中	高	高

（3）基于公共范畴的数字程控交换机生产企业驱动力大小比较

对影响华为战略性核心技术形成的企业管理层和技术研发人员进行访谈及问卷打分,将打分收集回来以后,通过对评分结果取均值,再换算成百分制打分。将结果按照 1~9 排序,1 表示力量最强,具体操作如表 6-4 华为公司公共范畴作用强弱比较。

表 6-4　数字程控交换机生产企业公共范畴作用强弱比较

	产业安全	市场竞争	知识产权	公司战略	平台基础	先进管理	人才与研发激励	创新氛围	创新活动
结果排序	1	2	7	6	8	9	3	4	5
驱动力强弱	高	高	中	中	中	中	高	高	高

6.2　三案例的核心范畴比较

6.2.1　数控机床案例的核心范畴及其细目

一是充分整合资本和探究市场资源的情况下,为大连机床引进技术,消化和学习技术并将技术成果转化好提供前提和基础。正因为充分整合资本,才能有充足的资金保障和配合紧密的战略联盟的合作伙伴。同时对现有市场资源的整合也为消化新技术而提供新的试验场。二是通过提高人才研发投入和借助信息化提高管理效率等手段提高引进技术的成果转化率。大连机床是国内五轴数控联动机床装备机械领域的领头羊,以五轴立式加工中心机床具有独立自主知识产权,并通过该技术平台研制和生产出系列产品,为顾客提供系列定制化产品并提供定制化解决方案。

通过上述分析,发现"公司战略"具有整合资本和市场资源以及促进技术成果转化两个方面的细目。具体如表 6-5 所示。

表 6-5　数控机床生产企业案例的核心范畴及其细目

细目	具体内容
整合资本和市场资源	资金保障与供应链合作伙伴
技术成果转化	合作开发与定向开发

6.2.2　控制系统案例的核心范畴及其细目

研读相关政策后发现,一是在《国家中长期科学和技术发展规划纲要(2006—2020年)》中,重点领域及优先发展的主题中交通运输业优先发展高速轨道交通系统、智能交通管理系统以及交通运输安全与应急保障。二是在《中国制造 2025》中明确了,包括大力推动重点领域突破发展,包括先进轨道交通装备在内的十大重点领域。这就给高铁发展提供了坚实的政策支持、技术背景和未来发展的广阔市场空间。

"政府战略布局"有可持续发展和产业规划两个细目。具体见表 6-6。

表 6-6　控制系统生产企业的核心范畴及其细目

细目	具体内容
产业规划	轨道交通业发展被列入优先主题和重点突破领域,相关技术被提升到国家战略高度
可持续发展	低碳经济、绿色经济正成为经济发展的主流模式,环境保护、节能减排和新能源材料也同样影响着智能轨道交通业的发展

6.2.3　数字程控交换机案例的核心范畴及其细目

继续使用相同的方法,对华为公司的核心范畴"公司战略"进行分析。华为的公司战略清晰地指导着华为成为世界一流的优秀公司,具体包括誓要成为独立自主的世界级公司。拥有卓越企业家才能的任正非,选择在通信市场需求旺盛之时进入装备制造业,审时度势通过合资与收购,整合内外部资源,通过整合核心技术、周边技术进行"独辟蹊径"的集成创新,从而形成独有的技术优势;整饬企业文化,颁布华为基本法,培育创新氛围,通过成本控制和人力资源池储备逐渐掌握了通信装备领域中的核心竞争力。

通过上述分析,发现"公司战略"具有企业资源和企业能力两个细目。具体如表 6-7所示。

表 6-7　数字程控交换机生产企业案例的核心范畴及其细目

细目	具体内容
企业资源	卓越的企业家才能 可持续的人力资源 上下一心的企业文化
企业能力	培养可持续的人力资源的公司组织能力 对市场的开拓和品牌管理能力 强大的研发能力 根据外部环境动态调整内部资源的能力

6.3　战略性核心技术的构成要素及一般模型

6.3.1　战略性核心技术的构成要素

依据上文的分析,本书共得到战略性核心技术形成的 9 个公共范畴,包括公司战略、平台基础、市场竞争、先进管理、人才与研发激励、产业安全、创新氛围、创新活动和知识产权。

（1）国家产业安全战略

一国竞争力的可持续往往表现在高质量资源的掌控能力上,如核心技术的所有权、高级生产设备的掌控权和高级专业人才的使用权,而其中核心技术的掌控能力甚至是垄断力是一国技术安全的重要表现。不受他国的技术封锁与独霸,不受他国对中国市场的(隐性)限制与控制,不受他国对中国市场的垄断,真正建立起产业安全体系,从技术掌控能力的角度看装备制造业就是要拥有自主战略性核心技术,从而实现我国产业安全。

（2）市场竞争

市场竞争越激烈,企业的危机意识愈强,进而通过技术创新获得持续竞争优势的积极性就越高。市场竞争包括国外市场布局和国内市场竞争。三个案例中大连机床、中国中车和华为都是通过不断创新使自己的产品在市场上获得竞争优势的,企业的竞争优势越大,就越能良性促进核心竞争力的发展。大连机床立足于市场,贴近顾客所在地,为客户提供定制化产品和升级服务,为客户提供专业化的产品解决方案,面对强大市场需求,通过不断学习和创新,不断完善产品,注重在产品中体现客户的标准需求,从而增强了产品在行业中的竞争力,扩大了领先优势。中车集团和华为也均是面对巨大的市场需求和激烈的国际竞争,不断创新产品,积累和储备人才,为客户提供定制化产品和一揽子解决方案。

（3）知识产权

知识经济时代,知识产权是企业乃至国家提高竞争优势的战略资源。装备制造企业因其技术密集性的产业特点决定其在科技创新过程中要时刻加强知识产权保护,一是企业不至于因不了解知识产权而侵权;二是保证企业研发投入的安全,以便及时建立自己的知识产权保护体系。大连机床、中车和华为三家公司均制定本公司的知识产权战略,为了及时了解所属领域产品知识产权状况和规划企业未来的市场竞争能力,通过深度参与国际组织知识产权和相关标准的制定来获得知识产权的话语权。

（4）公司战略

公司战略是定位公司未来发展的航标，在持续培育竞争优势的过程中，案例中的三家公司都认识到能带来持续竞争优势的资源或能力不可交换，只能由企业自己在探索过程中逐渐构建起来。产业和企业发展战略必须要与该国在技术追赶和跨越过程中的制度安排相适应，必须要与该国制造业发展的国家战略相匹配。无独有偶的是大连机床、中车和华为都非常强调和重视公司战略，并积极调试和改进公司战略以做到与国家的产业发展战略相适应。

（5）平台基础

作为装备制造企业，其技术发展的每个阶段都离不开技术平台，每一个发展阶段对应一个阶段下的平台特征。在平台内，企业独有的技术能力、平台资源要素以及知识流要素会进行协整以达到最优状态。以罗森博格为代表的很多学者都关注平台的内涵和构成，并认为平台本身意味着知识的集成，既体现出产业中企业的资源和组织文化的独特性，又表现出既有知识系统的累积水平和知识累积路径。装备制造业的平台包括企业外部知识接口、技术基础设施和信息基础设施。具体的在本书分析的三个案例中，作为平台基础都具有依托基础材料、累积的技术能力、技术研发体系和生成的系列产品的共性。

（6）人才与研发激励

激励机制能够最大限度地调动员工的积极性、主动性和创造性，发挥他们的潜能。企业的技术创新，人才是关键，特别是对于战略性核心技术层面的知识掌握，优秀的科研人员是保证和源泉。通过制定长期的激励方式，并在企业具体的运作中进行调整和改进，从而有效激发研发人员的创新意识，形成群体创新行为和培育群体创新氛围。大连机床、中车和华为对员工的创新思想和创新方法给予精神激励和物质激励并制度化，激发员工的开创性工作，建立较完备的人才选拔和考核激励机制，定期进行人才培训并与国际研发组织合作定期交流，这些措施却为留住人才、激励人才和培训可持续的人才奠定了基础。

在研发方面，装备制造企业大量的资金投入是核心技术长期研发不断线的关键。资金是确保技术创新开展的血液，企业应把视线对准研究活动和开发活动，因为没有研究活动，开发产品就会变成空中楼阁，只有对研和发环节都给予越来越多的重视，才有可能积累其企业的研发能力。大连机床、中车和华为三家公司都非常重视研发投入，大连机床每年以营业额的 10% 固定作为研发经费投入；中车作为央企，国家更是在研发投入方面有巨额的资金支持；华为规定每年以营业额的 13% 作为研发经费投入，并以研发经费的 5% 作为前沿技术和先进技术的跟踪和研发。

大连机床、中车和华为都有承担过国家级课题的研究经历，积累了丰富的研究经验。都采用建立国家级实验、研发中心，或者与其他知名科研院所或大学或者行业内合作企业联合建立研究中心，甚至建立海外研发中心等方式储备研发人才，支持创新研究。

（7）创新氛围

根据社会认知理论，自我认知决定了员工在组织中的行为，自我认知包括对于自己特质的认知和对于组织氛围的认知。创新氛围既包括外部氛围又包括内部氛围,当组织中充斥着轻松、宽容和相互竞争的创新氛围时,员工个体基于心理环境的认知而驱使行为响应创新氛围,并通过行为的响应过程获得组织的肯定和激励,再度带来个体的自我肯定。本书在对三个案例在分析的过程中发现,社会观念和组织习惯都是推进或阻碍企业创新的重要外部条件,而包容的环境和宽容的创新心态则是激发创新的重要土壤。大连机床、中车和华为都致力于建设一种相互信任、宽松包容的创新氛围。在实际的运作过程中,三家公司的内部创新氛围成功地与组织目标相融合,从而促进了核心技术的生成。

（8）先进的管理

案例中三家公司都非常注重先进的管理模式。华为专门从 IBM 引进 IPO 技术创新流程管理,极大地促进了技术创新的规范化和技术开发成果的丰富化。大连机床非常注重先进管理模式的引进和学习,通过智能化手段升级和改造原有管理系统,并与供应链合作伙伴相互学习,有效地提升了工作效率和技术进步的速度。中车集团的先进管理方式也是强调信息基础、强调协调和系统性价值增值管理的基础上尊重科学规律,建立起严格的科学技术创新流程管理。

（9）技术创新活动

技术创新是一切技术得以形成的载体。从技术的创新方式看可以分成模仿创新、合作创新和自主创新。从大连机床、中车和华为的分析看,三家企业的技术创新活动都是从引进技术模仿创新开始。然后经过内部技术能力转化进行二次创新即模仿创新,再与供应链上伙伴合作结成战略联盟,或集体研发组织、或产学研合作的方式进行合作创新,最后是围绕掌握自主知识产权目标开展的自主创新。这最后的阶段三家公司有一个共性特征,都是整合已有技术的周边技术进行完善再集成创新,申请自主知识产权,从而形成自主创新。

6.3.2　战略性核心技术形成的一般模型

为了清晰把握先进管理、人才与研发激励、创新活动、创新氛围、产业安全、知识产权、市场竞争、平台基础和公司战略这 9 个公共范畴是如何相互作用的,本书构建了一般模型。见图 6-1 战略性核心技术形成的一般模型。

6.4　战略性核心技术形成机理分析

6.4.1　建立假设

由上文知,本书构建了一个战略性核心技术形成的一般模型,从模型显而易见可以分成三部分,自上而下三个椭圆分别对应 1、2、3 组（系列）假设,并据此提出以下关于战略性核心技术形成机理的假设命题。

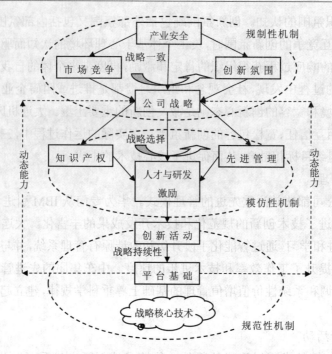

图 6-1　战略性核心技术形成的一般模型

第一,新制度理论的代表人物 DiMaggio 和 Powell(2010)认为,组织场域中存在竞争性同构与制度性同构两种不同的同构方式。竞争性同构适用于解释那些自由开放竞争的领域,如组织科层化以及创新成果的早期采纳等现象,但却不能解释现代组织(如组织专业化)世界中的同构问题,要想深入了解现代组织在某一领域内的同质化现象即普适性模式,就得引入制度性同构。杜运周、尤树洋(2013)认为组织战略与结构的合法性及其竞争力取决于它们与高阶制度逻辑的匹配程度,因此,一旦制度逻辑发生变化,组织的战略和结构就会与主导制度逻辑发生冲突,组织合法性就会降低,于是就更倾向于变革以适应新的制度环境。组织只有策略性地遵守既有制度,才能获得社会的认可与支持,提升自身的合法性,进而实现组织的生存和成长。陈怀超和范建红(2016)认为,规制性机制起始于组织所依赖的组织场域中有影响力的其他组织对其施加的正式和非正式的压力,以及由此所运行的社会中存在的文化期待对其施加的压力;这种压力可能被组织感知为要求其加入的强制性、劝服性力量。于是,针对战略性核心技术形成的一般模型的第 1 部分,提出如下假设:

假设 1:国家产业安全战略、外部市场竞争和社会创新氛围以及公司战略构成循环系统,该系统是战略性核心技术形成的规制性机制。具体的:

假设 1a:国家产业安全战略对市场竞争和社会创新氛围有显著影响。

假设 1b:国家产业安全战略对公司战略具有显著影响。

假设 1c:市场竞争和社会创新氛围分别对公司战略有显著影响。

第二,模仿性机制意味着在面临不确定性时,组织会以场域中其他组织为参照模型,模仿其行为以降低压力。克普肯(Kruchen,2007)认为场域中的组织经过一段实践后会更相似于彼此,其中模仿性机制来自不确定性。处于相似制度环境中的组织往往会采用相似的惯例。Filho 和 Souitaris(2012)指出,一旦组织场域被建立,鉴于相似的制度环境,组织迫于压力而变得相似。基于此,提出如下假设。

假设 2:公司战略与知识产权、先进管理、人才与研发以及技术创新活动之间形成循环系统是战略性核心技术形成的模仿性机制。具体的:

假设 2a:公司战略对知识产权保护有显著影响。

假设 2b:公司战略对先进管理方式的采用有显著影响。

假设 2c:公司战略对人才与研发激励有显著影响。

假设 2e:知识产权保护与先进管理对人才与研发激励有显著影响。

假设 2f:公司战略、知识产权保护、先进管理综合作用于人才与研发激励直接产生技术创新活动。

陈扬(2015)认为企业组织是影响、创造环境还是适应环境,这是企业进行战略选择的两难困境,决策者需要深刻理解企业面临不确定性的程度及其本质,只有这样,他们才能提出更丰富的可行方案,做出更好的选择。适应环境的企业会接收既定的外部结构和行为方式,当出现高度不确定性时,他们试图做出快速反应,识别并捕捉市场变化的新机会。罗珉(2012)认为,在环境不确定性程度更高的情况下,如果企业行为可以影响关键的不确定因素,选择影响环境的战略才是最合理的。高效的影响环境者往往通过制定技术标准、知识产权管理等手段团结一批竞争对手,结成战略联盟;并且认为,并非所有的组织内部行动者都能够对组织及其运作模式的选择做出相同的判断。组织的战略选择要受到组织的环境、内部权力结构、制度和政治等多方面的影响。基于此,结合图形中的第二个椭圆区域,本书提出推论 a。

推论 a:公司战略、知识产权、先进管理以及人才与研发激励结成的系统是通过战略选择对创新活动发挥中介作用的。

第三,专业化可以通过专家所制定的认知性的正式教育和合法性制度获取,或者通过跨组织,使新模式迅速扩散成专业网络之间的合作而获取。技术类企业可以通过成功地发展一项技术资源,并通过知识溢出使之扩散。教育培训一般是专业性或技术性企业常用的策略,有利于形成规范与期望。基于此,提出如下假设。

假设 3:创新活动与技术平台的循环系统是战略性核心技术形成的规范性机制。具体的:

假设 3a:创新活动直接显著影响企业技术平台。

假设 3b:技术平台生成战略性核心技术。

Teece(2011)认为如何有效实现内部资源和外部环境的匹配和整合是非常重要的。战略性竞争优势越来越多地来自对外部知识和技术的整合,主要形式有战略联盟、虚拟组织以及研发外包等。组织可以通过学习,包含开发式学习和探究式学习,更多关注制定和改进决策;提高生产效率,以及通过探究变化、风险、试验,灵活性地发现并进行创新。在快速变化的环境中,组织应敏锐地感知并且高效地完成内部和外部的转型。通过企业目前所拥有的、可利用的技术、知识产权、互补资产、顾客基础以及供应商关系等条件,获得不同的战略选择方案。基于此,提出假设的推论 b。

推论 b：企业动态能力对战略性核心技术的形成起到调节作用。

6.4.2　假设推导与检验

基于扎根理论对大连机床、中国中车和华为进行了深入的纵向单案例分析，并分析出了一个战略性核心技术形成机制的一般框架。为了增强命题的普适性，本书在此加入在扎根理论饱和性检验中使用的天津赛象公司作为此轮检验的辅助案例，从而提高研究结论的适切性和科学性。案例企业的基本情况见表6-8。

表 6-8　案例企业基本情况表

	大连机床（大机）	中国中车（中车）	华为	天津赛象（赛象）
成立时间	1948 年	2015 年 6 月 8 日前身 1949 年建立的铁道部厂务局	1987 年	1989 年
员工总数	近 7000 人	17 万人	18 万人	1100 人
销售额	2015 年 6 月底 72.59 亿元	2015 年 6 月底 93 236 072 千元	2015 年底 3950 亿元	36 199.32 万元
主要市场	销售网络覆盖了除西藏外的所有省份，和国外部分市场	全球六大洲近百个国家和地区	业务遍及全球 170 多个国家和地区，服务全世界三分之一以上的人口	国内外市场
经营范围	经营公司生产所需技术、设备、原辅材料的进口及其自产产品出口业务；机床制造与销售；机床零部件、汽车零部件、机床安装维修；汽车货运；机床设计及咨询服务；汽车修理、货运代理；进出口业务；承办中外合资经营、合作生产业务，承办来料加工、来样加工、来件装配业务，开展补偿贸易业务（在许可范围内）	铁路机车车辆、动车组、城市轨道交通车辆、工程机械、各类机电设备、电子设备及零部件、电子电器及环保设备产品的研发、设计、制造、修理、销售、租赁与技术服务；信息咨询；实业投资与管理；资产管理；进出口业务	为电信运营商开发、生产和提供无线网络、固定网络、电信软件与核心网和服务等产品和解决方案；向政府及公共事业、企业、能源、电力、交通和金融等垂直行业，提供可被集成的企业基础网络、基于云的绿色数据中心、企业信息安全和同意通信及协作等 ICT 产品和服务；为消费者和商业机构开发、生产和提供移动宽带、家庭终端、智能手机等设备及这些设备上的应用	以子午线轮胎系列生产设备为主的橡塑机械设备及配件；机电一体化、新材料技术及产品的技术开发、生产、销售、服务、转让；软件开发；本企业自产产品及相关技术的出口业务；本企业生产、科研所需的原辅材料、机械设备、仪器仪表、零配件及相关技术的进口业务；经营本企业的进料加工和"三来一补"业务；机电设备安装

6.4.2.1　对假设 1 的验证（如图 6-2 所示）

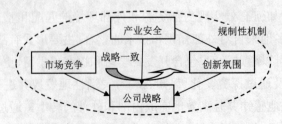

图 6-2　战略性核心技术形成的一般模型分体图

国家对装备制造业自主创新高度重视，强调企业必须掌握核心技术，拥有自主知识产权,打造具有国际竞争力的一流企业,国家将其上升为事关国家安全和产业安全的国家战略。为此,围绕着事关产业安全和国家安全的国家顶层战略,社会逐渐形成良好的创新氛围,企业面向市场需求,着力打造面向顾客的定制化需求产品,围绕核心技术不断攻坚。具体通过表 6-9 进行"对假设 1 的跨案例检验"。

表 6-9　对假设 1 的跨案例检验

案例	跨案例证据				制度同构类别
	国家产业安全战略	市场竞争	创新氛围	公司战略	
数控机床	机床工业是装备工业核心,关系国家经济命脉和安全。中国数控机床工业发展存在缺乏认识,技术基础薄弱,人员素质低,机床车体设计实力差、各种机、电、液、气配套基础元部件及数控系统不过关,工作不可靠,故障频繁,依赖外国进口	20 世纪 80 年代以后世界机床制造竞争焦点是数控机床。中国数控机床与日本同时起步,中国依旧依赖进口,日本却成为机床强国。受国外经济形势影响,机床工具运行压力加大,形势不容乐观。全球行业增速放缓。外国企业生产的高端机床受到青睐	外在:长期的引进技术造成心理和意识依赖,懒于创新。内在:通过核心理念和企业文化塑造使人人具有实现目标的使命感,将企业文化的精神理念融于制度之中	要成为互联网时代的制造专家。三步走强企战略:以我为主,技术输入,产品输出;为我所用,二次开发;形成高起点的自主知识产权产品	规制性机制
控制系统	关乎国家主权的大型复杂技术系统的装备工业,其性质和国家体制决定了市场不能对外开放。中国政府和中国工业对技术的主导权不可替代。核心能力是买不来的。买来的技术只是生产技术不是设计能力。国家需要从长远战略和布局的角度决定铁路装备制造能力的国际竞争力培育。国家规定标准动车组必须具备完全自主知识产权,网络控制系统必须自主,关键系统部件也要完全自主	外国企业迫切希望将中国企业建成其产品在中国的制造基地。世界轨道交通市场的巨大需求还没有真正开发。国际知名企业与国企组对参与中国铁路的招标。日德企业一方面在技术输出上有很多顾忌,另一方面又希望获得中国这个巨大的市场。外国企业通常去直接塑造中国消费者的习惯和观念从而对中国企业产生来自消费者的压力。世界轨道交通市场还没有开发出来	7·23 事故使信号系统科研队伍受到打击。而美国航天飞机失事,反而被当英雄尊重和敬仰。我国更多要追责,不利于技术进步。应在严格的科技创新流程管理体系下容忍失败,鼓励创新。社会习惯追究干事人的责任,社会环境造就中国人创新少。传统观念和组织习惯阻碍技术人员建立高效制造体系。中国很多设计师倾向只知道是什么不知为什么。技术引进容易造成依赖的心理和习惯	高速列车科技形成一系列核心技术的设计体系和保障体系,从根本上保障我国高速列车技术持续发展并保持领先地位	规制性机制
数字程控交换机	不掌握最底层核心研发技术,向美国采购,美国以华为威胁美国国家安全为由,拒绝华为采购行为。中国电信市场被外国企业垄断。在美国遭到侵权诉讼,使华为意识到产业信息安全的重要性	在中国市场受到外国产品所主宰,被迫农村包围城市,国际市场萎缩直接威胁华为国际。国际市场开拓选择农村包围城市。在国内国际展开竞争是腹背应敌,华为的国际化难度最大	企业文化:狼性文化——嗅觉、敏锐,进攻和团队合作。"华为基本法"将团队、风险、学习、创新和公平深入到组织制度层面。将以客户为中心贯彻到组织机制和文化中	独立自主,用卓越产品屹立世界。以发展核心技术,研发自主品牌产品为战略主导,只做通信产品。为了使华为成为世界一流的设备供应商,将永不进入信息服务业,永远保持自制和专注。"华为基本法"是华为核心技术发展的战略思想	规制性机制

案例	跨案例证据				制度同构类别
	国家产业安全战略	市场竞争	创新氛围	公司战略	
轮胎生产线	国内外产品的技术差距明显,而国外企业封锁并独霸核心技术。美国甚至限制中国轮胎工业发展,美国钢铁行业工会代表钢铁企业要求美国限制中国轮胎进入美国市场,且实施限额管理	海外市场需求强劲,国外产品性价比低,企业向竞争对手学习并利用市场化手段,产品以高性价比销往国际轮胎巨头国家	为了激发创新能力培育一种宽松的创新环境并以宽容的心态接纳创新失败。社会上追求成为企业白领的就业观念阻碍了技师后备人才的储备	立志成为国内智能化装备创新领域践行者。赛象肩负企业社会责任,整合资本和市场资源,创世界名牌	规制性机制

三个主案例和一个验证性辅助案例都表明装备制造业面临着严峻的产业安全问题,从核心技术的视角看均表现为:我国不掌握核心技术,不能生产或虽可以生产但质量差,精度不够。相同产品严重依赖国外,然而国外封锁并独霸其掌握的核心技术以达到控制中国装备产业的目的,这直接威胁了我国的产业安全乃至国家经济安全。不仅如此,在外部市场,中国企业面临严重的市场竞争,且常常处于不利之地。外国企业凭借其掌握的核心技术,牢牢占据产业中的高端产品市场,甚至对新进入市场的中国企业进行严格的限制,意图就是阻止其发展或使其发展放缓,以牢牢锁定对市场的控制权,锁定当前的竞争格局。

在社会氛围方面,长久以来我国一直重视引进轻吸收,容易滋长依赖的心理并形成"拿来主义"的惯性思维,造成很多技术工程师只知道"是什么",而不问"为什么",严重缺乏自主创新的意识。不仅如此,国外企业还通过对中国市场消费者消费习惯的培植和引导,使其养成优先选择外国产品的消费习惯,这也从根源上战略地影响了中国人自主研发的兴趣,加之目前社会上对于创新失败的宽容和包含的心理仍有待被积极和正向的引导,促使有战略觉醒的企业为了实现自主创新的目标从内部积极培育有利于创新的企业文化环境,并以制度的形式加以固定并长期坚持。

在这些相近的跨案例证据支撑下不难发现,大连机床正是积极响应国家振兴东北老工业基地战略,政府支持企业技术改造和技术研发,并对数控机床产业采取积极的扶植政策,凭借国家政策调整和修正公司战略,达到二者战略上的匹配,这是企业接下来进行战略性核心技术攻坚的前提。中车集团也是顺应了国家发展铁道装备的战略导向,并得到国家部委的联合行动计划的干预和支持,如《高速列车科技发展十二五专项规划》提升高铁发展的意义,中国高铁得到市场推动和政策支持才能真正制造出来。华为和赛象也均是符合了公司战略与关注产业安全的国家战略高度契合,达到战略匹配。因此,通过以上分析,三个主要案例企业和一个验证性的辅助案例企业均满足规制性机制。因此假设得证。

即本书提出理论1:产业安全、外部市场竞争和社会创新氛围以及公司战略构成良性循环系统,该系统是战略性核心技术形成的规制性机制,且国家产业安全战略正向影响公司战略;外部市场竞争和社会创新氛围对公司战略有显著作用。

6.4.2.2　对假设 2 系列的验证（如图 6-3 所示）

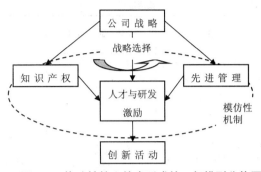

图 6-3　战略性核心技术形成的一般模型分体图

接着，进行对假设 2 系列的验证和推论 a 的验证，依旧延续上部分的思路，通过跨案例证据链进行支撑。具体分析内容见表 6-10。

表 6-10　对假设 2 及推论 a 的验证

案例	知识产权	先进管理模式	人才与研发激励	创新活动	制度同构类别
			跨案例证据		
数控机床	产品制造高于国家标准，比肩甚至超过国际标准。通过拥有核心专利，将国外先进技术移植国内后，在此基础上再创新实现中国创造。大连机床拥有数控机床的数控系统的控制器、驱动器等组建的完全自主知识产权。代表着中国数控机床功能部件最高水平的大功率电主轴、高精高速始终保持温度不变的中空丝杠、自动换刀的刀库、刀塔以及复合转台等，现在都能生产，而且拥有完全自主知识产权	利用互联网和移动终端技术搭建"远程服务平台"从外观到内在品质实行精细化工程管理。与供应链上下游企业合作，资源共享，协同开发。对用户设备需求、生产管理需求等多方面潜在需求进行研究，采用科技孵化方式创新。引导着用户消费，变销售为租赁，寻找市场突破口。稳健布局市场渠道，先后在珠三角、长三角兴建孵化基地，形成一鼎三足之势。在制造模式、商业模式和技术方面进行全方位管理创新	有 1200 名技术人员；8 个国内研究所和 3 个海外技术分中心。每年 5 亿元左右的研发投入。与大学共同牵头成立科技重大专项联盟。定期培训技术人员去国外企业学习。形成博士后、博士，工程技术人员，中试基地组成的创新体系。创新产学研方式，与华中科技大学形成利益纽带，并派出技术骨干长期任职。侧重于应用型研发，产学研合作。与国内国外名校合作实现技术创新和优势互补	引进—消化—吸收—再创新模式具有自主知识产权。具体：通过并购吸收和消化先进技术，完成产品体系升级换代。通过合资解决产品可靠性、稳定性的问题。通过并购与合资掌握多种世界级技术。通过拥有核心专利，将国外先进技术移植国内后，在此基础上再创新实现中国创造。构建完善技术创新体系。以专机公司为主，并购后形成自主权。加快消化吸收，实行二次集合创新，提高自主创新能力。与国外企业合资共建零部件工厂，实现吸收先进工艺和技术，消化吸收提升创新能力	模仿性机制

		跨案例证据			
案例	知识产权	先进管理模式	人才与研发激励	创新活动	制度同构类别
控制系统	整车自主知识产权激发企业正向开发技术。CRH380A 是在充分利用已有技术能力基础上自主研发自主掌握的技术。控制系统是将国外产品集成进我们自己系统。CRH380 的转向架达到欧洲标准，经过全球最权威实验中心检测。控制系统是由具有自主知识产权的中方企业研发。250/350 转向架和无砟轨道板均已拥有自主知识产权。具有自主知识产权的关键系统及部件有：高速转向架、动车组总成、车钩、车体、受电弓、内装、网络控制、辅助供电系统、牵引系统、制动系统、空调系统、牵引变流器、牵引变压器、网络控制系统、牵引电机。高铁的防冻胀技术拥有原创技术，世界领先。对标准的发言权争取标准制定权，实现科技领域领导权和贸易竞争主动权	联合计划是自主创新的实施机制。重组研发组织，变设计科、处为研发中心和国家实验室，扩大研发学科专业背景范围，使研发团队更有活力。应用是技术研发和创新获得经济回报的唯一途径，得不到应用的技术研发不可持续。坚持研制车辆，安全性第一，也是基本底线。铁路管理体制还没有实现体制机制的科学畅通。公司性质的企业将更关注经济效益。创新管理上对人员的要求是不仅要求工程师知道是什么，还要知道为什么要那样设计。国际知名企业与国企组对参与中国铁路的招标。"动车医院、动车之家"是半军事化管理方式。建立起动车段—运用所—存车场三级维护管理体系。建立具有世界唯一的全路统一标准的检修设施配置和统一的检修制度	建立了大规模实验室和国家级工程实验室。投入数亿元建立全套试验设备。有世界上最快的滚动试验台。协同和系统性的研究储备了经验，积累了能力。国家级实验室、工程研究中心和大学、科研院所的院士、知名教授和技术人员加入研发团队。企业通过项目直接与科研机构、大学和其他行业合作。实验中心里，工程师们对故障部件进行分析，通过试错，提高创新效率。首创举国研发体制	高铁自主创新三阶段：引进消化再创新；在轮轨动力学、气动力学控制、车体结构等关键技术上的 350 公里自主研制；在流线型头型、气密强度与气密性、振动模态等十大关键技术上的 380 公里研制。引进轨迹：整机进口、零部件进口、整机组装、技术消化、国产化。基于信息基础掌握技术，每个环节依赖试验数据。对引进车型进行的适应性改造更接近于从头开发所要求的技术过程。适应性改造是通过不断试验进行的试错改造	模仿性机制

		跨案例证据			
案例	知识产权	先进管理模式	人才与研发激励	创新活动	制度同构类别
数字程控交换机	在专利交叉授权甚至直接购买的基础上,针对漏洞进行开发。积极参与国际行业标准机构。华为设计技术难度相对较小的非核心芯片或专用芯片。华为以支付许可费的方式获得交叉许可协议。以自由核心技术专利与联盟各方形成交叉技术。华为成为专利联盟许可方,以自身拥有的核心专利技术与其他各方形成交叉许可	企业家奉行危机管理和军事化管理。华为成立三权分立的治理机制。注重研发流程管理。软件开发管理上启用能力成熟度模型。产品线由产品研发管理委员会负责,其职能是负责研发关键环节监控评估,决定项目的继续和终止。建立完整的价值链管理体系。调整组织机构成立供应链管理部。将非核心业务外包。实现零库存和快速响应。形成动态蛛网式全球生产网络。筹建人力资源池系统,进行人力资源规划。成立品牌部,统一管理协调各产品线的市场宣传。业内第一高工资的同时,实施全员持股制。国际市场中实施自有品牌与贴牌并行的方式	建立全球研发所。联合研究中心和实验室。国家重点实验室。以每年不少于 10% 的销售额资金投入研发。研发投入的 10% 用于前沿技术、核心技术及基础技术的研发和跟踪。华为员工 48% 在研发部门。市场人员和研发人员在职务上轮换。与知名高校合作取得成果。a56华为实施全球异步研发战略。在全球设立培训中心,推行员工本地化。对创新采用精神鼓励和奖金鼓励	对外采购技术,并在消化吸收基础上集成创新。从模仿创新开始与 IBM 合作后,具备自主开发芯片能力。华为主要集成他人的核心技术并整合边缘技术。华为建立合资公司,对外合作大都始于自主研发后期。华为与全球前 50 位运营商技术合作	模仿性机制
轮胎生产线	了解并适应国外企业对产品的质量认证。与国内供应链上伙伴合作开发高端轿车轮胎,掌握自主知识产权,打破封锁。重视知识产权工作,成立专职部门。以自主知识产权品牌的形象被确认为天津市十一五规划的大力发展的装备制造业。被评为知识产权运用标杆企业。拥有整套知识产权的产品出口德国获得认可。运用自主知识产权保护关键技术,打造核心竞争力	供应链战略。互联网＋信息化管理打好产品质量基础。品牌管理。科学管理,实现自动化、信息化和智能化发展工厂。实施知识产权战略。借助两化融合打造核心竞争力。通过业务流程重组,组织结构优化和技术平台搭建制定数据规则,推进转型升级。通过制造数字化、管理信息化、产品智能化、服务平台化实现提供定制化解决方案。资本收购显现协同效应。基于订单式生产的项目管理	长期保持科研经费的稳定高比例投入。注重建立先进的研发实验室和技术中心。注重外国专家的引进。建立院士专家工作站实现产学研合作。赋予公司创新团队选人、资金和其他资源的整合权力。改革分配形式,实行主设计师负责制,以激发创新动力	科技的创新历程是三个阶段从引进技术,消化吸收再创新到集成创新到现在的原始创新。第一台子午线轮胎生产线源自英国的二手生产线。采用合作开发和定向开发的方式推动科技成果转化。尽产尽销,科技成果转化率 100%。合作开发巨型机装备。以收购、参股等资本方式获取技术、渠道和专利,甚至人才	模仿性机制

通过以上三个案例和一个验证性辅助案例的跨案例分析可以看出四家公司都非常重视

知识产权,由起初阶段在知识产权方面受制于竞争对手到主动适应并积极开发和进行知识产权的管理,华为公司更是积极进行核心专利布局。事实证明,创新活动的蓬勃开展,以及战略性核心技术的形成,知识产权对其具有正向推动作用。公司战略决定着企业的战略选择,而战略选择往往意味着公司围绕战略来实行组织模式和运营模式的调试。在四家公司中都具备先进的管理,其中共性特征是都注重人才的管理、市场渠道的管理。都主动利用智能化升级企业原有的管理信息系统,都与供应链成员形成良好的战略联盟关系。而华为更为突出的是在薪资和优秀企业文化创建方面,不仅仅简单的制度化,而是通过"华为基本法"的方式加以固化。而中车集团在管理方面,现代管理模式并不突出,这与其2015年合并新设不无关系,整个集团还在面临从原有体制向新的市场化公司制体制的过渡。由此可见,四家案例企业均是在公司战略的指引下,进行了战略选择,其选择的方向均是符合公司总体战略,并有利于战略目标的实现(由此得证推论2)。

在人才与研发激励方面,四家案例公司都采用了建立研发中心(国内或海外),或者招募研发人员,并形成梯级储备人才的机制,华为最舍得投入研发资金。在创新活动上,三家主案例企业和一家验证性辅助案例企业全部都是采用技术引进—消化吸收—自主再创新的方式。那么,纵观公司战略、知识产权、先进管理、人才与研发激励以及创新活动诸要素,四家案例公司都是在外部环境高度不确定性的条件下,在公司总体战略的指导下,通过模仿环境中的成功企业(可能是来自本国系统外部)形成,组织认为在外部创新环境错综复杂的情况下,国外技术成功企业其场域中存在成功的要素(合法性),或者是存在最好的管理,因此,引得企业纷纷模仿,以获得在高端技术世界的合法性。由此得证假设2系列。

本书提出理论2:与国家产业安全战略保持战略一致的公司战略和知识产权、先进管理、人才与研发激励以及技术创新之间形成良性循环系统,该系统是战略性核心技术形成的模仿性机制,并通过战略选择起到公司战略与本循环系统的其他要素之间的中介作用。

6.4.2.3 对假设3系列的验证(如图6-4所示)

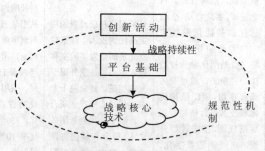

图 6-4 战略性核心技术形成的一般模型分体图

通过观察战略性核心技术形成的一般框架,发现第三部分是创新活动和平台基础。鉴于模型的结构本书提出了假设3系列,并提出了推论3,下面进行跨案例验证。具体内容见下表6-10所示。

表 6-10　对假设 3 的跨案例验证

案例	跨案例证据		制度同构类别
	平台基础	创新活动	
数控机床	通过多维度、智能化平台取代传统单纯提供产品与技术支持的"线"式平台	引进—消化—吸收—再创新模式具有自主知识产权。具体:通过并购吸收和消化先进技术,完成产品体系升级换代。通过合资解决产品可靠性、稳定性的问题。通过并购与合资掌握多种世界级技术。通过拥有核心专利,将国外先进技术移植国内后,在此基础上再创新实现中国创造。构建了完善技术创新体系。以专机公司为主,并购后形成自主产权。加快消化吸收,实行二次集合创新,提高自主创新能力。与国外企业合资共建零部件工厂,实现吸收先进工艺和技术,消化并吸收的目的,提升技术创新能力	规范性机制
控制系统	铁路装备工业的较强技术能力基础和可提供产品的产品开发平台是引进技术却没有被削弱的前提保障。没有产品开发平台的技术引进只会破坏和削弱技术能力。引进的技术是在既有的产品开发平台框架内发挥作用	高铁自主创新三阶段:引进消化再创新;在轮轨动力学、气动力学控制、车体结构等关键技术上的 350 公里自主研制;在流线型头型、气密强度与气密性、振动模态等十大关键技术上的 380 公里研制。引进轨迹:整机进口、零部件进口、整机组装、技术消化、国产化。基于信息基础掌握技术,每个环节依赖试验数据。对引进车型进行的适应性改造更接近于从头开发所要求的技术过程。适应性改造是通过不断试验进行的试错改造	规范性机制
数字程控交换机	华为的技术优势在于能力平台,且是华为产品多元化的基础。华为最重要的技术和产品平台,是后续所有产品开发的基础。华为将系列产品发展成产品平台,并打造平台战略	对外采购技术,并在消化吸收基础上集成创新。从模仿创新开始与 IBM 合作后,具备自主开发芯片能力。华为主要集成他人的核心技术并整合边缘技术。华为建立合资公司,对外合作大都始于自主研发后期。华为与全球前 50 位运营商技术合作	规范性机制
轮胎生产线	建立技术平台,以吸收掌握的先进制造技术与理念	科技的创新历程是三个阶段从引进技术,消化吸收再创新到集成创新到现在的原始创新。第一台子午线轮胎生产线源自英国的二手生产线。采用合作开发和定向开发的方式推动科技成果转化。尽产尽销,科技成果转化率 100%。合作开发巨型机装备。以收购、参股等资本方式获取技术、渠道和专利,甚至人才	规范性机制

　　通过上表的跨案例分析可以看出所有的创新活动都是作用在平台上才能发挥作用,而平台也恰巧是以往全部技术能力积累的最佳体现。引进技术时不能抛开既有的平台基础另起炉灶,那样引进之后的吸收会被削弱,甚至从零开始。在平台基础的重视方面,中车和华为最有代表性。中车集团将原有的铁路装备基础平台作为其后续引进并学习技术的平台,在已有技术积累的基础之上形成嫁接,继续自主创新。华为成立时间尚不长,但是优秀的管理者也充分地认识到最重要的技术和产品平台,后续产品都是在此平台基础上打造的。另外两家案例企业大连机床用两化升级传统的制造平台,以提高生产效率。赛象则是建立起技术平台,以吸收掌握的制造技术和技术理念。从四个案例公司的实际情况看,都表明了通过创新活动作用在平台载体上,使技术创新过程变得规范化和专业化,并依靠平台积累写有企业独特"基因"的技术能力。这个过程通过技术创新过程中专家们所制定的技术创新关

键流程实现合法性,并且通过先进的管理在以企业为核心的供应链合作战略联盟伙伴之间扩散和传递,形成更多的具有专业合法性的组织之间的合作,并最终形成专业网络。由此而见,技术创新活动作用在平台基础上最终生成战略性核心技术,其过程属于制度同构中的规范性机制。

值得说明的是,平台基础不是静态的,它是承载着企业独特技术能力"基因的"动态载体,其被更新的过程就是通过动态能力完成的。企业的战略性发展应该根据环境和自身的演化特点而不断地调整自己的能力和资源配置,四家案例公司都是在不确定的外部环境中动态地调整自己的能力和资源配置。大连机床利用两化融合的契机,用多维度、智能化平台升级了传统单纯提供产品与技术支持的"线"式平台以匹配公司当下的技术能力。其余三家案例公司也通过动态的能力不断将更适合外部复杂多变环境的资源与新能力"融入"新的战略选择中,通过知识产权、人力、先进的管理和创新活动综合作用而"更新"既有平台基础。由此可见,动态能力调节着战略性核心技术的形成,由此得证假设 3 系列。

理论 3:创新活动与技术平台是战略性核心技术形成的规范性机制,并且企业动态能力调节战略性核心技术的形成。

6.4.3　得出结论

基于以上分析,装备制造业战略性核心技术形成机制可以分解为以下三个子理论,并均被验证。

理论 1:产业安全(国家战略)、外部市场竞争和社会创新氛围以及公司战略构成良性循环系统,该系统是战略性核心技术形成的规制性机制,且国家产业安全战略正向影响公司战略;外部市场竞争和社会创新氛围对公司战略有正向作用。

理论 2:与国家产业安全战略保持战略一致的公司战略和知识产权、先进管理、人才与研发激励以及技术创新之间形成良性循环系统,该系统是战略性核心技术形成的模仿性机制,并通过战略选择起到公司战略与本循环系统的其他要素之间的中介作用。

理论 3:创新活动与技术平台是战略性核心技术形成的规范性机制,并且企业动态能力调节战略性核心技术的形成。

第7章 促进战略性核心技术形成的政策层面实施路径

装备制造业作为国家战略性、基础性产业,其是否拥有独立自主的核心技术即战略性核心技术直接关系到装备制造业的产业安全,可以说装备制造业的产业安全问题就是如何拥有或掌控战略性核心技术的问题。历来对装备制造业的制度设计当中,最高阶的制度设计当属国家顶层设计五年计划/规划。本书认为应该更明确地将装备制造业和战略性核心技术对国家战略安全和产业安全的影响作用在国家顶层设计当中突出出来并写入装备制造业产业政策里。

7.1 美、日政府对战略性核心技术形成的政策扶持与启示

依据不同的研究目的和研究视角,技术创新政策有不同的分类方法。供给和需求是创新活动的直接影响因素,通过国家目标和政府意图对企业技术创新活动施加外部影响。从供给侧看,政策通过影响企业技术主体行为从而实现创新成果的增加,而技术创新成果的有效增加是以对该技术创新活动外部资源需求的准确判断为前提。从需求侧看,利用政策工具进行有效刺激市场需求,引导消费,增加私人采购意愿,或者通过政府采购等手段,从而起到拉动技术创新主体创新热情的作用。下文对激励战略性核心技术形成的政策体系就从供给侧和需求侧的视角进行。前文已经提过装备制造业为我国特有的概念,因此下文表述中的"制造业"即是对照产业划分之后,对应我国装备制造业的那一部分,同时激励政策也是与之相对应的激励政策,能够保证与本书的研究对象在口径上一致。

7.1.1 美国政府对战略性核心技术形成的政策扶持

美国的政策是以实现国家战略为目标,建立在国家立法的基础上,围绕税收优惠减免、面向研究开发直接财政拨款、补贴、政府采购、风险投资鼓励、中小企业扶持政策、专利制度和规制政策等共出台19类供给侧政策和3类需求侧政策。详见表7-1。

表7-1 美国激励战略性核心技术形成的供给侧政策

序号	项目名称	主要内容描述
1	拜-杜法案	允许大学保留因政府资助而产生的知识产权;明确规定知识产权由专利持有者拥有;鼓励专利持有者与私营部门合作研发
2	技术创新法案	树立鼓励产学合作的原则;联邦实验室必须在预算中编列技术转移经费;政府投资研发成果应能促使公众获利,并达到市场化效果

序号	项目名称	主要内容描述
3	国家合作研究法案	旨在允许两家以上的公司共同参与一个研究开发项目,鼓励产业界联盟
4	商标厘清法案	修正拜 - 杜法案部分条款;允许非营利组织、大学、管理单位通过契约经理,选择拥有部分的发明权;政府保留特殊成果的所有权,如国防机密技术等;大型企业和外国人不得拥有发明权
5	联邦技术转移法案	修正技术创新法;明确技术转移工作室与实验人员职责;设立联邦实验室联合论坛,以提供发明和技术转移奖金;发明人分配的奖金不少于 15%
6	国家竞争力转移法	管理者和经营单位有技术转移的任务;合约人经营的实验室可进行合作研发;契约经理从事技术转移时可以弹性协商;共同合作研发合约中的技术资料,五年内不对外
7	国家技术转移与升级法案	对技术创新法案和联邦技术转移法的修正;参与共同合作研发的公司可以获得充分知识产权,以促成研发成果商品化;参与的厂商至少取得专属授权中的优先选择权;提高研究人员与发明人的奖励比例和奖励范围
8	弗吉尼亚州未来问题解决竞赛	专门为高中生举办创新比赛,以激发创新思维
9	创意夏令营	教育部门定期举办竞赛、夏令营鼓励学生团队有创意地解决问题
10	得克萨斯州创意问题解决方案	一种公共社团服务。服务对象从幼儿园到大学生,训练学生从团队合作中发展创意及想象力,并以团队形式组织竞赛
11	美国创意教育研究所;国家创意中心	举办教育工作者及家长创意思考课程的研究中心;提供企业界创意领导、创意思考课程
12	与创造力有关的学会	美国创意学会是全美创造力研究的专业组织;国立发明家联盟是旨在培养高等教育学生与教师的创意态度与创新行为,成立发明小组
13	支持创造力、发明与领导力的基金会	1967 年筹设美国第一个创造力大学课程;设立创造性解决问题的学院;提供国际性的创造力课程以及有关创造性培养的青年计划;出版创造力研究的重要学术期刊
14	风险投资协会	帮助企业证明新产品理念的市场前景;提供未来市场风险评估和相关基础设施投入评估;为未来产品商业化提供资金支持
15	知识产权保护	明确发明者优先的原则,并确立知识产权保护体系
16	小企业创新发展法案（SBIR）	联邦政府各部委提供研发经费, SBIR 项目每年的资金扶持总额在 10 亿美元以上用于支持小企业创新研究
17	小型企业技术转换项目（STTRS）	由具体产业部门对应支持,资助期限可达 2 年,资助金额最高 75 万美元。具有名誉性,企业可以借此找到风险投资与其他私人资金来源
18	收益私人化	国家研究机构内部的技术转化,准予联邦实验室的权益下放给大学或研究机构,规定其可以选择保留政府资助项目的发明权;科研人员对技术转移收入的个人提成年收入不少于 2000 美元或全部的 15%
19	权利私有化	国家研究机构外部的技术成果转化将国有专利许可,特别是独占许可给企业,对于产出的技术单独转让给运营方

资料来源:作者整理。

　　美国激励战略性核心技术形成的需求侧政策是从刺激内部市场需求、政府采购等三个角度开展的。详见表 7-2。

表 7-2　美国激励战略性核心技术形成的需求侧政策

序号	项目名称	主要内容描述
1	购买美国产品法	对美国国货在政府采购中的优先地位做出明确规定
2	小企业法	行政机构将一定比例的合同给予小型企业和社会弱势群体所拥有的企业,以保证有机会获得政府采购合同
3	政府采购补充协议	国防部优先采购本国产品。不对所有州政府构成约束,且有 5 种协议的例外情况;设置 20 万美元的门槛金,低于门槛金金额的采购优先购买国货

资料来源:作者整理。

美国制造业技术创新政策体系是以国家立法为基础,以保护美国技术领先优势为根本目标,通过 19 项供给侧政策和 3 项需求侧政策全方位推进科学与技术知识的产生、发展、扩散和应用过程,以期最终保障国家经济安全。美国政府的扶持政策概括起来具有以下特点。

(1)以国家立法的高度,保障技术创新政策长久性和可持续性

美国先后出台了技术创新法、拜 - 杜法、专利制度与创新法,并在法律约束范围内建立为推进技术创新法案而直接受命于总统的各个行政部门,如美国科学院(1864 年)、全国研究委员会(1901 年)、科学研究发展局(1941 年)、国家科学基金会(1950 年)、科技政策办公室(1976 年)和国家科学技术委员会(1993 年)。美国有 700 多个实力雄厚的国家实验室,直接服务于国防军事部门和美国政府。美国持续提供对科研经费的资助并确保资助比例始终在 50%~70%,美国政府通过循环式科研合同刺激技术创新,通过对如生物、医学、食品工业等在 27 个关键技术领域的基础研究投资确保美国技术在世界上的领先地位。

(2)中小企业技术服务支持体系起到"供—需"双向政策调节阀作用

美国政府对中小企业的扶持主要采用以营造环境为主的间接支持模式。一是政府不断设立和实施一系列的科技计划,并以此为载体推动技术向中小企业转移;二是营造有利于中小企业技术创新的服务机构。

建立中小企业技术服务体系的意义在于,一方面政府在制定技术政策时已经越来越认识到,中小企业正逐渐成为高技术的来源;另一方面当市场失灵发生时,政府通过政策引导使供应链上游技术向中小企业进行扩散,进而逐渐化解市场失灵风险。由此,从供应链的角度看,美国政府通过政策引导可以逐渐培育起全行业在整条供应链中的竞争优势。

(3)政策制定过程中技术创新各相关方全员参与,开展积极合作与交流

美国的技术创新政策制定过程从主体角度看,会同技术开发者、可能的技术使用者、消费者代表参与,以保障技术创新政策制定朝着既定方向发展。从评审过程角度看,美国技术创新政策评审过程要采取必要措施以确保最有利于加速新技术开发的流程。从政策提案产生过程看,各机构之间重视交流和伙伴关系的建立,从横向协作上提高效率,保证技术创新政策提案的高质量。

(4)美国文化为政策实施起到润滑剂的作用

在美国文化中强调个性、独立,却不排斥团队合作,美国人富有创新精神,具有勇往直前的开拓能力,尊重法治并崇尚平等,这些都为技术创新政策的实施起到了润滑作用。

7.1.2 日本政府对战略性核心技术形成的扶持政策

日本政府在"科技模仿立国"阶段为技术引进大开绿灯。一方面，从思想上自上而下使全体国民认识到技术引进是摆脱落后，缩小差距的捷径。另一方面，政府严格把关，对引进的技术进行严格审批，强调技术引进后的吸收能力培养，绝不轻易购买产品，特别且坚决杜绝购买整套设备。20 世纪 80 年代至今，日本从"科技模仿立国"走向"科技创新立国"，并将其确定为基本国策。日本激励战略性核心技术形成的供给侧激励政策详见表 7-3。

表 7-3　日本激励战略性核心技术形成的供给侧政策

序号	项目名称	主要内容描述
1	科学技术基本法	将"科学技术创造立国"作为基本国策；注重基础研究和基础技术的研发；用具有创造性的科学技术推动经济持续发展
2	知识产权基本法	确立知识产权立国的国策；推进知识成果创新、产权保护、成果转化和人才发展战略
3	科技发展计划	确保日本企业研究经费的高投入水平；构筑新的研发体系、推进基础研究；创造竞争性研究环境、培养人才；财政预算重点支持生命科学、信息通信、环境、纳米技术和材料科技领域
4	《中小企业金融公库法》等系列法案①	对中小企业进行金融帮扶，增强抗击金融风险能力，以更好地占领市场
5	《中小企业现代化促进法》	包含设备现代化政策；技术现代化政策；经济管理科学化政策；企业组织化政策；扶持企业现代化的商业政策
6	高校和科研机构培育人才	设立大学研究生院和独立研究科；研究生入学资格弹性化政策；大力推进"研究生院重点化"建设；开展创造性教育活动；注重科学研究据点建设；加强学生个性培养
7	企业家使命的培养	企业是研究与技术开发的主导；企业是研究经费的主要承担者，政府负担较小比重；企业结合市场敏锐的信号反馈，进行应用研究和技术开发
8	研究生培养	工业实验室替代大学成为科研中心和研究生教育基地；工业公司提供资金、课题和就业机会
9	产学官合作	日本政府确定了产、学、官三位一体的以人才流动为中心的技术创新体制。先后出台了"产学教育制度""新产业基础技术研究开发制度""官民特定共同研究制度""新技术委托开发制度"及《研究交流促进法》
10	企业间股权协作	政府倡导下的企业法人相互持股与建立网络化企业，避免企业短期化逐利行为，增强企业抗击风险能力
11	信息服务保障	官民一体化的情报信息搜集制度；投入 500 亿日元建立"曼陀罗计划"。建立连接日本企业和研究机构的超高速信息网络、信息研究及流通新干线网络，使日本成为第一流的信息大国
12	知识产权保护	以"注册者优先"为原则（Sandelin，2004），保护了对创造性研发进行改进、吸收和技术创新的企业行为
13	职业培训	单轨学制保证职业教育的普及；实行"后期中等教育"适应日本产业结构变化的后期人才需求；设置培养中等技术人才的高等专门学科以提高技术人员的水平
14	专门的职业研究生院	专门职业学位课程与一般学位课程分离，更强调理论联系实际
15	吸纳海外人才举措	高薪聘请海外人才；定期学术交流；在海外建立研究机构；利用本国跨国企业获得人才

① 《中小企业资金助成法》《小规模企业资金共济法》和《改善小型企业经营状况的融资制度》。

资料来源：作者整理。

日本激励战略性核心技术形成的需求侧政策从政府采购和对技术创新过程的监督和诊

断两个方面进行激励。详见表 7-4。

表 7-4　日本激励战略性核心技术形成的需求侧政策

序号	项目名称	主要内容描述
1	监督与诊断	对技术创新的指导和监督,是诊断制度的核心内容,为创新指引方向
2	政府采购	按自身需要制订采购计划并执行采购工作,由总理府官房外政审议室专门负责制定采购政策和采购法规。以第二次世界大战后会计法、地方自治法和 1996 年《政府采购协议》为基本法,综合政府各部门以及地方政府采购的相关法律规范细则,日本形成了独具特色的政府采购法律体系

资料来源:作者整理。

日本政府是以国家立法为基础,以通过技术追赶进而实现技术引领为根本目标,通过 15 项供给侧政策和 2 项需求侧政策全方位推进科学与技术知识的产生、发展、扩散和应用过程,以期最终保障国家经济安全。日本政府的扶持政策概括起来具有以下特点。

（1）通过立法保障政策的持续性

代表日本政府科技最高发展战略的科技规划被以立法的方式确立下来,这些代表日本科技发展战略的法案就是《科学技术基本法》和分别出台了四期的《科技基本计划》,每一部计划的出台都体现出当时日本发展科学技术的重点和方向。第一期《科技基本计划》是一部搭建架构、培育能力的计划,其主要内容包括构建一种新的研究与开发（R&D）体制,完善 R&D 基础设施,改善研究开发的软硬件环境,培养来自基层民众对科技的学习、理解和兴趣;提升科学技术创新能力,尤其是创造性基础研究能力。第二期《科技基本计划》是一部甄别发展领域和重点领域的规划,"生命科学、信息通信、环境技术、纳米和新材料技术属于前途明朗、效果广泛、对未来技术有革命性价值"的重点领域。这一时期发展起来的"太阳能住宅能源系统先进技术"使日本的能源利用效率达到世界最高水平,此外医疗保健技术、防灾技术等也使日本走在世界前列。第三期《科技基本计划》提出通过发展"科学技术实施变革、提高生产力、着力振兴金融工程相关科学、充分利用新发现的多功能诱导干细胞等科技成果振兴相关产业"。第四期《科技基本计划》将绿色创新和生命科学创新作为亟待解决的问题。

（2）政府对于企业技术创新过程进行强干预,以促进技术创新成果高效转化

通过技术引进,在消化吸收的基础上再创新是日本成功的关键,但是其背后的保障来自于日本政府对于采取的技术引进方式进行了强有效的干预,如选择特定的企业批准其使用宝贵的外汇用于引进技术,有时候甚至直接介入本国企业与外国企业的谈判。

（3）日本文化促进了政策的顺利实施

深受中国儒家传统文化的影响,同时又在日本独特的社会历史条件塑造下,日本文化发生了本土化的创造性转换。日本传统文化中,蕴含着一种对现代生产、管理和创新有巨大影响的思想资源,他们追求忠诚、团队合作,日常行为中具有强烈的规则与标准意识,内敛、勤奋、精益求精、一丝不苟、追求极致,这些观念对日本国民的工作伦理、技术创新产生了深远的影响。

7.1.3 美、日政府对战略性核心技术形成的扶持政策比较与启示

7.1.3.1 扶持政策比较

美国、日本政府激励战略性核心技术形成的供给侧—需求侧政策在八个方面是相类似的,分别是强政府主导和干预,技术领先的决心和维护国家技术安全的决心,制造业技术创新始终反映了最高国家战略,并获得优先发展和优先支持的地位。美国和日本技术创新政策体系共性见图 7-1。这些充分说明了美、日两国政府对于制造业技术创新极度重视的态度。另外为了保障制造业持续技术创新,分别从立法、供给侧政策和需求侧政策多措并举激励技术创新。特别值得注意的是美国和日本两国均具有根植于非正式制度层面的国民文化和组织中的创新抱负,如美国精神中的创新、独立、崇尚平等、热爱科学的"创造力国民文化"为技术创新提供了文化基础。同样扎根于日本文化中的自强不息和精益求精也为日本技术创新植入了深深的文化基因。

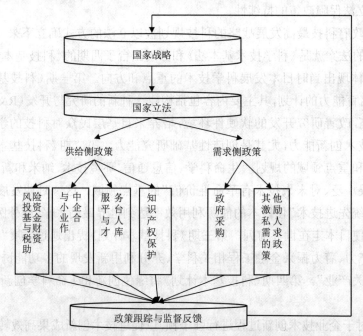

图 7-1 美、日激励战略性核心技术形成的政策体系共性图

资料来源:作者自创。

美、日激励战略性核心技术形成的政策也有很多不同。美国的技术创新主要在实验室中以"模块化"方式完成,日本则是在车间现场以"一体化"的方式完成。美国技术创新是"know-why"模式,而日本是"know-how"和"know-who"模式。美国凭借卓越的基础研发能力和前沿技术开发能力始终做技术领先者;日本的基础研究和前沿技术的开发来自独立企业的拉动而不是大学等研究机构,这一点不及美国,但是凭借卓越的全球信息网络日本形成了独特的技术"锚定"能力。供给侧方面,美国自始至终致力于基础科学的探索和超前技术的研发,而日本建国之初致力于技术引进,之后转向鼓励自主科技创新立国,且其兼顾基础

科学和应用研发;日本企业技术创新经费投入模式是以企业为主力军的民间主导投入型,而美国则由有经验的风险投资公司参与投资;日本创新人才的培养模式多种多样,最具特色的是研究人才的培养直接与企业挂钩,重在应用能力培养,兼顾基础科学研究能力;美国的人才培养的侧重点是对于好奇心、探索精神和创造力的启发和培养,这些特质更有助于激发对于基础科学的研究兴趣。美国的中小企业大多是专业性的技术开发公司,而日本的中小企业是兼具技术开发和生产制造一体化的公司;美国的中小企业多是从事高技术创新的异常活跃群体,而日本的中小企业多是存续经营时间很长的百年老店,技术传承基础好。需求侧政策方面,美国政府采用全面介入制造业的方式,尤其是在技术市场化、商业化阶段,政府采购发挥"试验性市场"的作用;而日本国民文化中本身具备崇尚使用本国产品的特征,因而也为本国技术提供有利的"试验场"。

7.1.3.2　启示

第一,只有通过立法才能保证政策的持续和长久。仿效美国和日本,从政府的角度全面介入并强干预技术创新的研究方向和研究进度,这类做法适用于制造业中事关国家命脉和经济安全产业的技术;全面介入科学和技术知识的产生、扩散和应用过程,通过国家干预促进科学技术向预期方向发展,特别是政府要强干预那些短期研发成果不确定,但是却对今后技术创新方向有引领作用的基础研究。

第二,需求侧政策方面,可学习美国通过政府采购支持和推动新技术在本土的市场化。比如我国确立的战略性新兴产业中,计算机和信息通信技术、新能源技术等领域,均可以仿效美国的模式,从技术创新伊始,政府从供给侧和需求侧分别提供政策支持,当技术问世,通过政府采购,使新技术得以在本土市场上试行。同时,对于已经实现市场化的技术,比如汽车发动机制造技术、化工技术等,学习美国政府不再通过政府采购进行干预,而是放手通过市场化行为进行市场化运作,更应学习日本,控制、限制或不再进行该类整体性产品的技术引进,以刺激本国市场创新。

第三,供给侧政策方面应完善政府、企业、大学各司其职,产品市场、资本市场和企业家市场良性互动的技术创新体系。应重视产学研合作的中介体系和合作平台的搭建,尤其是合作平台、信息平台和数据库的搭建。对于合作效果的评估,目前我国还尚未建立较为完善的评估指标体系,应仿效美国和日本,对于产学研合作的绩效进行实时监督和评估,充分考虑宏观、中观和微观数据,定期建立评估制度,进行数据挖掘,为政策的制定和执行提供有力支撑。在完善知识产权保护制度的基础上,鼓励和激发中小企业参与供应链主体企业的技术研发,技术推广和商品化试制,制订面向激励中小企业技术研发的风险监管和利益补偿办法。

第四,营造钻研、务实的社会文化氛围和建立良好的工匠培育制度。我国在基础研究方面始终落后,众多企业将技术研发的重点放在应用研究领域,导致依靠基础科学研究为主要工作原理的产业始终落后于人。应扭转社会文化和风气过于重应用而轻基础的现状,着力营造和培养求真与务实,钻研与创新并重的社会文化氛围。同时"工匠精神"的培育离不开工匠制度,工匠精神最重要的灵魂是信仰、纪律和仪式,讲究专业、专注、钻深与钻透,于细小之处见传神。精度是制造业制造产品的最重要衡量指标之一,精度最高的器物往往是用人工打磨出来的。日本的国宝匠人非常多,我们不禁惊讶在日本为什么会培育出众多的国宝匠人,而且在多年的发展过程中,匠人们的手艺依旧能够得到传承。日本政府在这方面有严格的规定,从资金到制度,种种措施保障技艺不失传,如规定身怀绝技的"人间国宝"必须收弟子,艺不外传不能当选,且政府每年资助 200 万日元,用于当选者录制保存艺术资料以及公开展览、出版与宣传、传习技艺、改善生活和从艺条件。由此可见,工匠技艺的孕育更需要工匠制度的建立,政府通过供给侧制度改革保障工匠的社会地位和从艺条件,通过制度保障工匠技艺的传承。

7.2　中国国家顶层设计对战略性核心技术形成的影响机理

一个产业的发展受到国家战略和诸多产业政策的影响,本书认为从广义上讲,产业(技术)的发展,就是受到产业政策的作用和影响。既然装备制造业肩负国家产业安全的重任,装备制造业拥有战略性核心技术就是该产业最大的安全,那么战略性核心技术的形成应该是在国家产业安全政策的框架范围内被激励和引导的。目前我国还没有明确而清晰的装备制造业产业安全政策,因此首先应明确装备制造业产业安全政策的边界范围。本书思路是结合中国产业政策体系现状和中国装备制造业产业安全评价,装备制造业产业安全政策内容要点的关系应该是产业安全内容和产业政策内容的交集关系,既包含装备制造业产业安全评价体系中与政策有关的内容,也包含产业政策中与装备制造业(特殊时期幼稚产业保护政策、战略产业扶持政策等)安全有关的内容,二者互为补充。

本书归纳出的内容要点分别是技术研发与应用、资本投资、关键制造业产品及技术安全、管理水平、规模和布局、市场表现、进出口与外资、政府规制和基础科学研究。

7.2.1　样本选择

本书使用十三个五计划 / 规划作为样本。

五年计划 / 规划在宏观层次上,更加集中体现国家整体利益,更加集中反映国家整体竞争实力,更加聚焦科技和社会的进步,是中国的国家顶层设计,最高一级的战略部署。本书研究的装备制造业核心技术,在历次五年计划(规划)的文本表述中均有相似或相关概念的提及,连贯性强。本书认为随着经济发展的不同时期,装备制造业作为国家的战略产业,尽管在其产业内部国家就其发展侧重点不同有所调整,但是整个装备制造业作为战略产业的属性从未改变,所肩负的维护国家产业安全、经济安全的战略责任从未改变。因此,使用十三个五年计划 / 规划从战略高度、政策权威性、连续性、辐射范围和影响深远程度看匹配本章要解决的问题,是较恰当的政策文本选择对象。

7.2.2　装备制造业产业安全政策内容要点的赋值过程

通过详细研读文本资料,将分析单元总结成表,如表 7-5 所示。

表 7-5 样本来源名称及编号表

编号	名称
1	中华人民共和国发展国民经济的第一个五年计划
2	中国共产党第八次全国代表大会关于发展国民经济的第二个五年计划（1958—1962）的建议
3	第三个五年计划
4	第四个五年计划
5	中华人民共和国第五个五年计划
6	中华人民共和国国民经济和社会发展第六个五年计划（摘要）
7	关于第六个五年计划的报告
8	中华人民共和国国民经济和社会发展第七个五年计划（摘要）
9	中共中央关于制定国民经济和社会发展第七个五年计划的建议
10	关于第七个五年计划的报告
11	中华人民共和国国民经济和社会发展第八个五年计划（摘要）
12	中共中央关于制定国民经济和社会发展十年规划和"八五"计划的建议
13	中华人民共和国国民经济和社会发展"九五"计划和2010年远景目标纲要
14	中华人民共和国国民经济和社会发展第十个五年规划纲要
15	中华人民共和国国民经济和社会发展第十一个五年规划纲要
16	中华人民共和国国民经济和社会发展第十二个五年规划纲要
17	中华人民共和国国民经济和社会发展第十三个五年规划纲要

经过反复的研读五年计划/规划，从中摘录出包含装备制造业战略性核心技术的文本信息，总结见表 7-6。

表 7-6 分析单元摘要表

时期	分析单元
一五	第一个五年计划概要；第一个五年计划的若干问题：（一）关于工业和运输业的基本建设问题；（二）关于工业和运输业的生产问题
二五	中国共产党第八次全国代表大会关于发展国民经济的第二个五年计划（1958—1962）的建议
三五	第三个五年计划
四五	第四个五年计划
五五	中华人民共和国第五个五年计划
六五	关于基本建设的规模、重点和企业技术改造；关于教育、科学、文化事业的发展之科学技术方面；关于对外经济技术交流的扩大；全面实现六五计划的主要措施之第一，严格控制固定资产投资的总规模、切实保证重点建设和企业技术改造按计划完成；积极推进技术进步充分发挥科学技术对经济建设的促进作用
七五	第五章科技、教育和社会发展目标之科学研究和技术进步；第六章调整产业结构的方向和原则；第十二章机械电子工业；第十六章东部沿海地区的经济发展；第十七章中部地带的经济发展；第十八章西部地带的经济发展；第十九章老、少、边、穷地区的经济发展；第二十章地区协作和经济区网络；第二十三章科技发展战略；第二十五章科技攻关；第二十六章基础研究

时期	分析单元
八五	"八五"期间主要经济部门发展的任务和政策之七电子工业；八机械制造业；九国防工业和国防科技；"八五"期间地区经济发展的布局和政策之一沿海地区；二内陆地区；三少数民族地区；四贫困地区；五地区经济协作和联合；"八五"期间科学技术、教育发展和政策之科学技术的发展；"八五"期间对外贸易和经济技术交流之二利用外资、引进技术能力；三经济特区、对外开放城市和开放地区
九五	宏观调控目标和政策之固定资产投资；保持国民经济持续快速健康发展之振兴支柱产业和调整提高轻纺工业；继续加强基础设施和基础工业；实施科教兴国战略之加速科学技术进步；促进区域经济协调发展之区域经济协调发展的方向；主要措施；扩大对外开放程度、提高对外开放水平
十五	第四章优化工业结构，增强国际竞争力；第六章加快发展信息产业，大力推进信息化；第八章实施西部大开发战略，促进地区协调发展；第十章推进科技进步和创新提高持续发展能力
十一五	第十章加快发展高技术产业；第十一章振兴装备制造业；第十五章积极推进信息化；第十九章实施区域发展总体战略；第二十七章加快科学技术创新和跨越；第三十五章加快转变对外贸易增长方式；第三十六章提高利用外资质量；第三十七章开展国际经济合作
十二五	第九章改造提升制造业；第十章培育发展战略性新兴产业；第十三章全面提高信息化水平；第十八章实施区域发展总体战略；第十九章实施主体功能区战略；第二十七章增强科技创新能力；第五十章完善区域开放格局；第五十一章优化对外贸易结构；第五十二章统筹"引进来"与"走出去"；第五十三章积极参与全球经济治理和区域合作
十三五	第六章强化科技创新引领作用；第八章构建激励创新的体制机制；第二十二章实施制造强国战略；第二十三章支持战略性新兴产业发展；第三十七章深入实施区域发展总体战略；第四十九章完善对外开放战略布局；第五十章健全对外开放新体制；第五十一章推进"一带一路"建设；第五十二章积极参与全球经济治理；第七十三章建立国家安全体系

　　在编码过程中作者按照编码原则培训了一位编码者，两人各自独立编码，编码后再进行核对，存在异议的条目和编码进行讨论，最终形成共同结果。整理出细化的类目编码表，详见表7-7。

表7-7　编码表

类目	编码
技术研发和应用	1 基础性、共性技术 2 配（成）套产品、零部件 3 关键、核心、突破性技术 4 重大科技攻关技术 5 节能环保、安全型技术 6 军转民技术
资本投资	1 固定资产投资调控 2 固定资产投资领域 3 新建生产设备 4 更新改造生产设备
关键制造业产品及技术安全	1 战略：11 国际标准；12 自主化；13 世界先进 2 领域：21 集成、成套；22 国产化配套 3 属性（先进型、关键性）

类目	编码
管理水平	1 方法、手段 2 措施 3 目标与方向 4 人力资源 5 决策 6 控制
规模和布局	1 沿海 2 中部 3 内陆 4 东部 5 西部
市场表现	1 名牌 2 自主品牌 3 国内市场占有率 4 国际市场占有率 5 营销网络 6 科技成果商品化
进出口与外资	1 进口：11 内容；12 方向 2 出口：21 内容；22 方向 3 金融：31 政府贷款；32 FDI；33 对外投资 4 其他—进出口比重等
政府规制	1 行政规制 2 政策规制 3 法律规制 4 其他
基础科学研究	1 前沿 2 自主科研能力 3 资金扶持 4 实验基础设施 5 其他

信度和效度检验环节，经过计算本研究两位编码者综合一致性为 82%，大于有效性参考值，具有较好的信度水平。就内容分析的效度而言，一是，本书研究的文本来自国家公布的五年计划/规划文本，其权威性毋庸置疑，并具有非常好的理论基础和实践基础。二是编码者的编码过程是经过认真研习编码规则并经过独立预编码的过程而形成的，这也提高了内容效度。

至此，通过内容分析法，统计出各政策内容点出现的频次，即获得装备制造业产业安全政策内容要点赋值（SNA 矩阵法中主对角线的值），具体数值如表 7-8 所示。

表 7-8　政策内容要点频次表

政策内容点	代码及频次（赋值）
技术研发和应用	C1=805
资本投资	C2=133
关键制造业产品及技术安全	C3=455
管理水平	C4=1473
规模和布局	C5=2177
市场表现	C6=368
进出口与外资	C7=789
政府规制	C8=1536
基础科学研究	C9=354

　　本书采用专家调查法获取装备制造业产业安全政策构成要素间的关系数据，并借助线人法，通过被调查专家推荐的方式扩大样本；共获得样本 30 份，某装备制造企业技术经理和高级工程师 12 份，某研究所技术预测所、政策研究所的研究员 11 份，某直辖市工信委的主管负责人 2 份及负责市场招商工作的负责人 4 份，中国铸造业协会某地区铸造产业联盟副秘书长 1 份，最终获得了产业安全政策内容要点之间两两的关系数据。

7.2.3　数据分析过程

　　首先利用 Ucinet6.0 中的 Consensus Analysis 程序对 30 份调查结果进行一致性分析，检验回答者在答题方面的一致性是否良好，数据是否具有可信度，结果如表 7-9 所示。

表 7-9　一致性分析结果

No. of negative competencies	1
Largest eigenvalue	2.999
2nd largest eigenvalue	0.438
Ratio of largest to next	6.855

Density（matrix average）= 0.1111

Standard deviation = 0.3143

Competence Scores（能力／胜任力得分）：

技术研发与应用　　0.816

资本投资　　0.816

关键制造业产品及技术安全　　0.762

管理水平　　0.666

规模和布局　　0.593

市场表现　　0.434

进出口与外资　　0.296

政府规制　　0.102

基础科学研究　　-0.072

从以上的数值中可以看出,矩阵的标准差为 0.3143,数值较低,反映出整体数据较好。整体的一致性 6.855 大于 3,所以数据的可信度较高,但是也出现一个负数,初步说明在整体配合上"基础科学研究"的配合性差,具体情况仍需要结合下一步分析。

利用 netdraw 绘制装备制造业产业安全政策内容要点的关系网络图如图 7-2 所示。

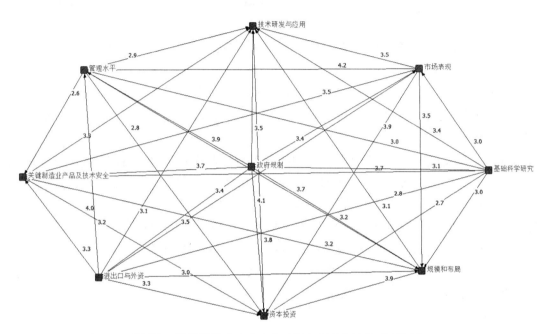

图 7-2　装备制造业产业安全政策内容要点的关系网络图

（1）中心度分析

在社会网络结构中,通过分析一个节点与其他节点之间的关系数,判断节点之间的相互依赖性。社会网络分析从"关系"视角出发对权力进行定量研究,基于"中心度"给出多种权力量化的指标,包括度数中心度和接近中心度分析。

①度数中心度

在有向图中度数中心度分为点入度与点出度,表 7-10 给出了 9 种政策内容要点的点入度及点出度指数。

表 7-10　点度中心度

		点出度	点入度	点出度指数	点入度指数
8	C8	25.700	3.100	76.488	9.226
9	C9	24.700	0.000	73.512	0.000
7	C7	19.400	6.200	57.738	18.452

		点出度	点入度	点出度指数	点入度指数
6	C6	18.600	9.900	55.357	29.464
5	C5	13.400	13.200	39.881	39.286
4	C4	8.300	17.500	24.702	52.083
3	C3	7.300	20.000	21.726	59.524
2	C2	3.800	24.700	11.310	73.512
1	C1	0.000	26.600	0.000	79.167

该装备制造业产业安全政策关系网络的点度中心度指数说明，C8 政府规制类具有最大的出度中心度 25.7%，其次是 C9 基础科学研究、C7 进出口与外资、C6 市场表现、C5 规模和布局，即政府规制产生的直接影响最大，其次是基础科学研究、市场表现、规模和布局，这些政策内容点均属于装备制造业产业安全政策，相比较其他政策内容点更易产生影响尤其是政府规制和基础科学研究。

C1 技术研发与应用具有最大的入度中心度 26.6%，其次是 C2 资本投资、C3 关键制造业产品及技术安全、C4 管理水平，即技术研发与应用受到其他政策内容点的直接影响最大，其次是资本投资、关键制造业产品及技术安全和管理水平。说明这四种政策内容点在此关系网络中处于被影响最多的位置，尤其是技术研发及应用与资本投资。

综合点入度与点出度，C8、C9、C1、C2、C3 的点度中心度居于前 5 位，因此可以说明这些不安全行为处于关系网络的核心位置，网络的关系更大程度上围绕着这些点展开。它们分别为政府规制、基础科学研究、技术研发与应用、资本投资和关键制造业产品及技术安全。

②接近中心度

接近中心度是以捷径距离为标准，来衡量一个节点在全局的受控制程度，衡量其传递作用的大小。在有向图中接近中心度分为点入接近中心度和点出接近中心度，表 7-11 为 9 种产业安全政策内容要点的点入及点出接近中心度。

表 7-11　接近中心度

	引用接近中心性	被引接近中心性	点入接近中心度	点出接近中心度
C1	8.000	72.000	100.000	11.111
C2	16.000	64.000	50.000	12.500
C3	24.000	56.000	33.333	14.286
C4	32.000	48.000	25.000	16.667
C5	40.000	40.000	20.000	20.000
C6	48.000	32.000	16.667	25.000
C7	56.000	24.000	14.286	33.333
C8	64.000	16.000	12.500	50.000
C9	72.000	8.000	11.111	100.000

接近中心度指标说明，C1 技术研发和应用具有最大的点入接近中心度 100%，其次是 C2 资本投资、C3 关键制造业产品及技术安全。较大的点入接近中心度说明网络中其他节点到它们的距离之和都很短，这些政策内容点较容易受到其他政策内容的影响。

C9 基础科学研究具有最大的点出接近中心度 100%，其次是 C8 政府规制、较大的点出接近中心度说明这些节点到网络中其他点的距离之和都很短，即基础科学研究和政府规制更容易影响装备制造业产业安全政策的其他内容点。

综合点入与点出度，和接近中心度都充分说明 C8 政府规划和 C9 基础科学研究都是发挥的影响作用非常大，且在发挥影响作用方面受其他政策内容点控制的程度非常低，具有独立影响作用。但从中国装备制造业发展的现实情况看，综合文化因素，C8 政府规制应该处于网络中的核心位置。

（2）派系分析

利用 ucinet 中的 CONCOR 法进行凝聚子群分析如下。

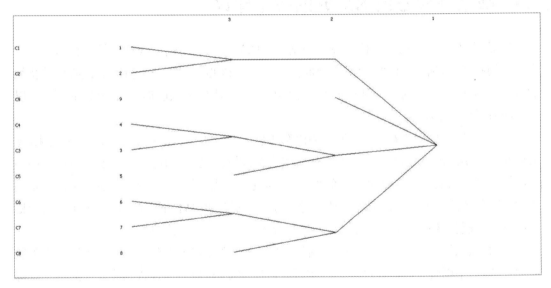

图 7-3 聚类图

通过凝聚子群分析，得出图 7-3 聚类图，形成三个直接联系的子群，分别是 C1，C2；C4，C3；C6，C7。这种直接联系的节点构成强关系，强关系的作用是维系子群内部关系，而子群之间也通过一些桥点 C5；C8 和 C9 形成弱关系，弱关系的作用使得更大的网络实现结构上的凝聚性。简而言之，弱关系存在决定了整个网络的存在。即在装备制造业产业安全政策内容点中如果在政府规制、基础科学研究和产业规模与布局方面政策绩效不高则直接影响装备制造业产业安全，反之，如果能够在政策设计和制定过程中充分考虑，政策执行过程中严格把控，则可以大大提高装备制造业安全性。

7.2.4 产业政策内容要点之间的作用机理

该关系网络的核心点为 C8 政府规制、C9 基础科学研究，这两个政策内容点在网络中既占有重要的影响位置,又具有较大的独立性,因此在设计和制定装备制造业产业安全政策时要充分重视政府规制类政策的规范性和战略性,对基础科学研究类的政策设计与制定要从前沿性、资金扶持、实验基础设施和自主研究能力等方面进行有战略规划的,有目的和针对性的政策帮扶,则能对装备制造业产业安全管理起到事半功倍的效果。

而 C1 技术研发及应用、C2 资本投资和 C3 关键制造业产品及技术安全这些政策内容点在网络中处于最容易受到影响的位置,又由于它们均属于直接导致装备制造业产业安全的内容点,因此在实施过程中要加强对这些政策内容点扶持的具体政策绩效进行监控。

装备制造业产业安全政策内容点中对战略性核心技术形成起到关键作用的小群体,即4 个产业安全政策内容点集,进一步的聚类分析确定了它们是 C9、(C8;C6;C7)(C3;C4;C5)(C1;C2)使网络紧密联系到一起,应在政策设计与制定以及政策执行绩效管理过程中以"政策组合"形式予以关注。

7.3 战略性核心技术形成的政策建议

前提:既然前文在战略性核心技术识别部分的分析已经明确了战略性核心技术就是高度交叉的技术群,所以,在进行政策激励时,应在通过核心专利充分分析产业核心技术特征之后,对关联技术群中的技术进行重点激励和引导。在明确了该前提之后,具体的可以从以下方面着手进行激励。

首先,从经济性规制看,在政府规制中增加各种直接的具有法律约束力的限制、约束、规范以及由此引致的应该由政府采取的行动和措施,以实现装备制造业产业安全目标。如将经济性规制引入装备制造业的外资企业中,对其进入方式进行控制,明确外资在中国装备制造业生产环节的行为许可范围以及外资对中方装备制造业投资的规制。政府还可以就价格规制、审计规制、财税规制等手段上对装备制造业产业安全进行保护。

其次,从法律性规制看,政府为了维护装备制造业产业安全充分利用法律规制。完善制造业立法,对中国装备制造业产品生产实行许可证制度,凡是实行装备制造业产品生产许可证的产品,必须取得生产许可证后才具有相应资质,政府对装备制造业产品质量依法监督管理的同时,依据生产产品技术的核心程度监控和掌握提供产品(技术)的供应商国别。

再次,从行政规制看,可以在特定时期,仿效日、韩运用行政规制助力技术赶超。如在装备制造业产品从工业化向市场化推广试验阶段,政府可以结合经济性规制和行政规制(如政府采购)多种手段扶持中国装备制造业提高自身竞争力。在其作用基础消失的时候,再逐渐放松行政规制甚至取消。

最后,政府通过制定基础科学研究的重点推进战略,选择特定目标和领域,集中力量进行研究。具体如基础研究战略选择,基础研究经费的持续投入,通过政府采购拉动基础研究,推进基础研究成果的工业化转化速度,建立有效的基础研究的知识产权保护机制。

7.3.1　实现国家立法和稳定持续的顶层设计规划

装备制造业是立国之本、兴国之器、强国之基。独立自主的拥有装备制造业战略性核心技术是保障国家安全，实施强国战略的必由之路，必须一以贯之持续地保证装备制造业战略性核心技术的发展地位。

第一，战略性核心技术必须由国家主导，对其发展的基础作用和可持续发展性进行立法保护。仿效美国和日本，从政府的角度全面介入并强干预战略性核心技术创新的研究方向、技术类别和研究进度；全面介入技术预见、技术评估和技术知识的产生、扩散和应用过程，通过国家干预促进科学技术向预期方向发展，特别是政府要主导那些短期研发成果不确定，但是却对今后技术创新方向有引领作用的基础研究。

在立法保护的基础上，制订持续稳定的顶层设计规划和配套政策，鼓励发展科技型企业，规划装备产业发展所需要的如数字程控交换机、电机和伺服驱动装置等核心器件的核心技术，加快与中国制造 2025 确定的规划相对接，将装备制造业发展向智能化方向推进，逐步形成基础扎实的装备制造业产业链。

第二，注重技术的阶段性发展及适用技术。全面分析与探讨工业领域的可能应用，瞄准需求，不求高、新、全，但鼓励分阶段分步骤地发展最适用技术和产品，尽早奠定装备产业的发展基础。

第三，在国家各类科技计划中，明确分工、相互支撑、系统安排。例如，在仪器专项科技规划中支持面向制造装备的传感器、3D 打印关键器件的开发；在国家自然科学基金和 973 计划中支持原始创新、原理探索和共性基础研究；在 863 计划中开展各类创新原型样机的研发；在重大专项中完成产业化开发和系统应用，在支撑计划中扩大应用领域与范围。

第四，实行政府采购支持和推动新技术在本土市场化。比如我国确立的战略性新兴产业中，计算机和信息通信技术、新能源技术等领域，均可以仿效美国的模式，从技术创新伊始，政府从供给侧和需求侧分别提供政策支持，当技术问世，通过政府采购，使新技术得以在本土市场上试行。同时，对于已经实现市场化的技术，比如汽车发动机制造技术、化工技术等，学习美国政府不再通过政府采购进行干预，而是放手通过市场化行为进行市场化运作，更应学习日本，控制、限制或不再进行该类整体性产品的技术引进，以刺激本国市场创新。

7.3.2　营造良好的产业发展的市场环境和创新环境

第一，建立并完善依托工程发展装备制造业的机制，优先鼓励由用户企业和制造企业组成的产业联盟，从早期开始商业模式策划，共同开发装备制造业装备。

第二，由政府牵头，推动用户领域在装备制造业发展初期就建立装备制造和用户应用的战略合作关系，使智能装备的研发有方向，研发出的装备能够得到验证并尽早投入工程应用、尽早占领高端市场，形成带动作用。

第三，制定技术和产业发展路线图。政府应正确宣传引导，以确保能够有效发挥各部门、各类计划，以及中央和地方的积极性，使其既有所侧重，又互相补充，避免重复低水平研发,造成产品和企业恶性竞争的局面;同时,既要积极发展,又要科学规划,避免一哄而起,浪费资源。

第四,鼓励金融机构开展多种形式支持装备制造业的技术研发、科技型企业的创办和发展、重点企业和名牌产品的形成;开展种子基金、天使基金、风险投资及企业培育活动等;积极落实首台套政策,为装备制造业的应用推广提供有利的条件。

第五,营造钻研、务实的社会文化氛围和建立良好的工匠培育制度。扭转社会文化和风气过于重应用而轻基础的现状,着力营造和培养求真与务实,钻研与创新并重的社会文化氛围。大力培育具有信仰、纪律和仪式,讲究专业、专注、钻深与钻透,于细小之处见传神的"工匠精神"。

第六,加大宣传力度,促进技术、资本、人才向基础零部件产业集聚,营造全社会重视的产业发展氛围。认真落实研究费用加计扣除、固定资产加速折旧等税收政策,促进企业加快技术创新和技术进步。鼓励有实力和有积极性的主机制造业发展其所需的基础零部件和基础原材料,在满足自身配套需求的基础上逐步走向社会化。

第七,制定类似于原机械部颁布的《机械基础件振兴条例》和《工业基础件推广应用条例法》,从法律层面确立工业强国战略的国家意志,明确企业的法律主体地位、权利和义务、责任追溯制度,建立使用国产基础件产品的社会氛围,为国产产品的推广应用提供公平、公正和透明的社会环境。依照广告法进行媒体宣传审查,在媒体宣传和广告中,不得使用诸如"采用进口件"等字样,要积极宣传使用国产产品的先进典型并予以表彰。营造鼓励使用国产产品的社会环境,增加使用民族产品的自信心,打破外国月亮比中国圆的观念。

7.3.3　机制创新促进官产学研用协同创新

第一,以"国家需求,国际一流"为要求,通过科技资源整合、科研机制创新、优秀人才培养,实现装备制造业的战略性核心技术生成,并通过此种模式形成持久创新能力。

第二,集中国内在装备制造业方面具有优势的高校及国家重点实验室、国家工程研究中心和04专项技术平台,依据研究特色与专长,形成高端制造的研究技术平台。以国家骨干装备制造业为主体形成产业发展体系,以若干应用企业为主体形成高端装备用户企业,与国际高端装备制造研究领域的知名大学开展合作。建立以用户需求为导向的科研、制造和应用相结合的科技资源与生产应用体系,形成协同创新中心。

第三,建立开放式的人员交流机制、利益分配机制和实效评价机制。建立鼓励高校科研人员将创新精神和务实态度结合的制度,为企业发展提供有效与持久的技术支持。同时,通过企业与高校的协同,缩短基础研究向产品转化的时间,使设想、设计、制造、需求实现短流程作业,减少跨行业、跨地区、跨组织的信息沟通障碍,最大限度地发挥科研人员的主动性,使其自主研发出高端产品。

第四,优秀装备制造人才缺乏是装备制造业发展所面临的最大挑战,也是中国从制造业大国向制造业强国发展艰难的症结所在。要加强大学与骨干企业合作,基于高端装备制造发展要求,培养具有扎实基础理论、广泛国际视野和务实工程能力的高端人才。结合教育部卓越工程师培养计划、工程硕士与工程博士培养计划,实现产学研的深度合作,培养装备制造业的领军人才。

7.3.4　充实国家安全委员会的职能

战略性核心技术事关国家产业安全和国家安全。其技术具有成本高昂、风险巨大且无法立即取得收益的特性,因此国家权力应介入产业,推动战略性核心技术发展。从保护本国幼稚产业成长并转型的角度看,国家应通过使用关税、财政和税收补贴等工具,帮助本国企业抵御外企的强有力进攻。此外,政府对市场的作用还应体现在帮助国内企业提高市场服务的专业性。正如波特所言,后发展国家在市场上普遍缺乏"内行而挑剔的客户"。因此,国家应扮演这个"内行而挑剔的客户",通过政府采购政策,给予本国具有战略性核心技术的产品以强有力的支持。对于政府采购的装备、产品和技术,由相关国家安全委员会对其产品采购清单进行审核和监督。

第8章 促进战略性核心技术形成的企业层面实施路径

本章主要提出:战略性核心技术形成的企业层面建议。

8.1 战略上应自主研发与开放创新相结合,主动融入全球新兴技术研发网络之中

本书研究显示,战略性核心技术从企业响应国家重大战略,通过积极参与973、863项目而积累大量的知识经验而来。没有扎扎实实的内部技术研发能力建设,没有企业明确的技术战略目标,光靠喊口号是获得不了战略性核心技术的。由于中国企业还处于全球价值链低端,企业习惯于引进后能够快速商业化并能提高企业利润空间的短期技术,普遍缺乏研发投入的持久动力和精力。而战略性核心技术是依托基础科学研究,衔接应用技术的共性技术属性,在过去的若干年发展中由于缺乏战略上的明确定位,显然造成战略性核心技术所依托发展的土壤贫瘠,造成"先天不足"。因此,只有通过主动融入全球新兴技术研发网络,以开放创新技术研发为"用",立足自主攻坚,掌握独立知识产权的战略性核心技术为"体",才能真正抓住当前技术变革的机遇,逐渐形成自己的话语权。

8.2 以专利为依托,注重知识产权建设和专利布局

8.2.1 执行专利技术追踪策略

追踪创新被认为是与原始创新、集成创新共同构成自主创新的三大模式。对于我国而言,在基础装备领域、重大成套技术装备和高端装备领域目前还不具备技术引领能力,因此可以仿效日本在技术追赶时期的战略,做追踪创新。具体对于企业而言,技术追踪不但可以帮助识别、追踪主要竞争对手,准确把握竞争对手的研发重点和研发热点,还可以发现先进技术,借鉴和把握技术发展脉络。具体通过追踪重点申请人、追踪重点技术分支和追踪重点发明人实现。

8.2.2 执行专利挖掘策略

专利挖掘是指在技术研发或产品开发中,对所取得的技术成果从技术和法律层面进行剖析、整理、拆分和筛选,从而确定用以申请专利的技术创新点和方案。其目的在于让科研成果得到充分保护,使科研过程中付出的创造性劳动以专利申请的形式确定下来,从而形成

企业的无形资产。做好专利挖掘有助于实现法律权利和商业收益最大化、专利侵权风险最小化的目标。

企业基于研发项目进行专利挖掘时的具体手段可以参考如下。

（1）以技术分析为基础

由于企业研发项目具有复杂性的特点，专利挖掘时首先要从技术研发项目出发进行技术分析，即按照研发项目需要达到的技术效果或技术架构进行逐级拆分，直到每个技术点。执行此手段时，技术人员应进行充分的交流。

（2）贯穿研发项目始终

通常企业都是通过研发项目获得核心技术。由于企业研发项目具有系统性特点，因此应注意研究和开发两个阶段。研发阶段从产品概要设计开始，还包括产品结构、功能的详细设计，通过挖掘企业可以获得基础专利和核心专利。在产品开发阶段，企业也可以通过产品首样制造、产品测试和产品生产的三阶段流程挖掘到专利申请的技术方案，从而有效为企业战略性核心技术群内技术构成服务。

（3）服从企业专利战略

在企业研发过程中具有高度不确定性，为此，技术部门应与企业具有高度一致性。

8.2.3　对于已取得专利进行专利布局

中国高铁许多核心技术往往在国内申请专利后未及时在各个主要国家以及潜在市场国申请专利。有些国家通过公开的专利文书迅速抄袭并在本国内予以复制，然后趁我国高铁企业还未在该国申请专利之机抢先申请，甚至在多个国家抢注，给我国高铁企业造成巨大损失。外国转让专利方面，外方常常坚持核心技术不转让原则，中方只能依据现有条件，自行摸索与实践，经过原始创新、集成创新和再创新，耗时多年才完全掌握高铁技术九大核心技术及大量配套技术。但因没做好核心技术的知识产权保护，我国高铁陷入了先发国家"专利陷阱"，因此应将产品在各个主要国家以及产品潜在投入国进行专利申请和专利布局，避免专利陷阱。

8.3　企业应当高度重视产业基础研发投入，从科学源头提升原始创新能力

本书前文已经论证战略性核心技术必须依靠自主研发，不能靠买，因此，企业必须加强相关领域的基础研究投入，没有知识储备，没有融入学术交流与合作网络之中，就难以获得基础研究的知识溢出。只有做到"从技术层面解构产品"、"从科学层面结构结束，才能实现"依托科学创造技术""依托技术创造产品"，并最终依靠拥有核心技术和知识产权的产品获得全球产业领导力，摆脱国外对我国战略产业的技术控制和技术垄断。倘若技术原理掌握技术的知识基础不明确，就不能实现本书强调的战略性核心技术属性——自主知识产权的产品和核心技术的产品。另外，技术产业化的真正主体是企业，只有企业自己最清楚所在产

业的技术发展趋向,企业从事面向产业需求的基础研究,不仅增加其对全球基础研究成果的吸收和借鉴能力,也有利于企业提出高层次的需求,集成高校和科研院所的知识溢出结果的优势,不断提升产学研合作层次。

8.4　借助大数据,推动反向技术开发

工业 4.0 时代,拥有了新的工具——大数据。同时,拥有庞大的机床工业市场就相当于拥有了一个庞大的数据库。因此,可以通过大数据,反向推导出机床工业需要做的设计和需要发展的技术,即反向技术开发。具体做法如下。

第一,从横向来看,是将前文分析的技术关联中涉及的各相关企业技术数据收集起来,将它们整合成为机床工业核心技术的数据库。从纵向来看,包括从设计、选材、制造、测试、运行、维护到生命周期结束这一整个过程中,整合起来的机床核心技术研发数据。

第二,机床的精确性和可靠性方面存在着很高的发展要求,所以,也要收集机床发生故障或运行异常的数据,哪怕可能性很低。利用这些大数据和大数据分析技术抓住机床运行异常时产生的数据,通过分析,找到缺陷和问题所在,从而提升精确性和可靠性。

第三,充分利用引进的国外先进机床,通过反向技术,让数据引导创新人员进行部件的设计与制造。由于有大量暗默知识的存在,可以通过大数据提供一种新的挖掘这些暗默技术的方法。

8.5　结合产品性能可靠性的提升与评价体系,构建 / 完善企业技术平台

建立技术创新和试验测试服务平台,即面向全行业的共性技术和前沿技术研究开发、重要科技成果转化及工程化应用研究的创新平台;建立为行业产品性能试验测试的服务平台;建立指导基础件和传动装置设计、制造改进和可靠性提升的测试评价服务体系。加强装备产业产品的可靠性设计、试验与验证技术研究,是提高产品的内在质量,延长使用寿命,提升高端品质的必由之路。应支持以提升可靠性技术水平为核心,以技术改造、技术攻关和技术创新为依托,突破可靠性数据采集及分析设计、制造及试验的技术方法和标准规范,采用先进的成形和加工方法,在线检测装置,建立完备的质量检测、试验条件,以及质量追溯体系。建立装备产业产品智能化静 / 动态设计支持平台,无故障设计和耐久性设计相结合,建成产品生命周期动态可靠性设计平台,推动我国装备产业产品由低端向高端高质量转变。

8.6　依托核心产品,实现上下游产业充分融合

日本学者植草益认为产业融合就是通过技术革新和放宽限制来降低行业间的壁垒,加强行业企业间的竞争合作关系。产业融合分为三类:一是高新技术的渗透融合,即高新技术

及其相关产业向其他产业渗透、融合并形成新的产业；二是产业间的延伸融合，即通过产业间的功能互补和延伸实现产业融合，这类融合通过赋予原有产业新的附加功能和更强的竞争力，形成融合型的产业新体系；三是产业内部的重组融合，即发生在各个产业内部的重组和整合，例如，工业、农业、服务业内部相关联的产业通过融合提高竞争力，适应市场需要。产业融合的重要特征就是边界模糊化。多媒体和互联网技术正在成为全新的行业中创造和获取价值建立新的边界。从我国的现实情况看，电子信息、汽车行业作为我国两大支柱产业，是国民经济持续快速增长的两大引擎。而世界汽车平台的制高点则表现在整个汽车所有控制与计算的能力上。我国开发的国家汽车计算平台工程，涉及硬件、芯片、系统软件、控制平台、驾驶平台、信息平台、智能交通平台、传感平台、执行平台和设计平台等核心平台的研究与开发。要通过上述领域的上下游产业融合，汽车电子信息产业的技术突破，将为移动通信、高清晰数字电视、卫星导航、智能交通、移动网络的应用和信息化建设提供一个重大载体，并形成良性互动的格局。

8.7　变革原有组织形式，构建网络型企业组织结构

改造传统的公司组织结构，在收集、储存、处理和分配信息的方式上实行重大变革，构建网络型企业组织结构。公司是由无数个部件（复杂性理论称之为"主体"，管理学称之为"业务单元"）构成的，当这些部件组合起来，并保持在无序边缘和时间边缘上的平衡时，便构成了一个复杂的自适应系统，此处的复杂不是结构上的复杂，而是这种组织结构中孕育而生的复杂的、创新的、自我组织的行为。这种组织结构，从本质上讲，就是网络型企业组织结构，在这种结构中，是以建立强大的信息系统为核心，采用以高流动性的信息为纽带的管理，它所表现出来的基本属性及特点，是组织边界的模糊。网络型组织正是从狭隘的物理边界变为包括动态工作小组和战略联盟的更流畅、更有机的边界，这淡化了内部等级的界限，而且使企业内部与外部的划分不再明显，这种组织的柔性更突出，在很大程度上成为技术交叉、产业融合得以实现的重要的微观组织基础。

第 9 章　研究结论与研究展望

9.1　研究结论

本书共得出 3 个主要结论,具体如下。

9.1.1　提出全新构念战略性核心技术并加以识别

本书从技术层次的角度细化出战略性核心技术,该战略性核心技术是指装备制造业领域的核心技术,而装备制造业作为"工业母机"的重要组成部分与国家产业安全战略紧紧锚定,因此战略性核心技术的提出更具有战略性、突出性和前瞻性。

基于此,本书使用当今世界上最全面的国际专利信息数据库 Derwent Innovations Index-SM(德温特创新索引专利数据库),采用专利分析—技术共类分析法,借鉴雷德斯多夫(Leydesdorff)提出的 Jaccard 系数对技术共类矩阵进行标准化处理,计算得出反映技术类型之间的关联范围和关联强度的技术共类矩阵指数。通过对选定的 3 类装备制造业的核心技术进行计算和识别,研究发现, 3 家案例企业的战略性核心技术均具有强技术关联的技术群特征,其覆盖基础学科领域广,相互之间高度交叉和关联,牵一发而动全身。由此,侧证了战略性核心技术构念的内涵,今后政府制定政策时应系统性的考虑技术群内的高关联技术协同发展,而不是单纯提出某一装备制造业领域内的关键核心技术的技术攻关,单一领域的技术创新无法真正实现作为"工业母机"的战略性核心技术的形成,这也再一次地证明了装备制造业的重要战略地位。

9.1.2　理论上论证了装备制造业战略性核心技术形成机制

本书结合组织制度主义的制度同构理论、战略选择理论和动态能力理论,对 3 家装备制造企业和 1 家作为理论饱和性检验的辅助案例公司进行了案例分析。研究发现, 4 家公司在面对外部市场竞争、社会创新氛围的环境压力情况下都选择了最大程度上契合国家产业安全战略,并通过动态调整公司战略,进行有目的的战略选择来响应外部环境规制性压力,通过动态调整组织结构和运营模式,积累技术能力,达到在不确定状态下的组织合法性,实现了模仿性同构。研究还发现,从技术来源上看, 4 家案例公司虽然也都是经过技术引进后吸收再进行自主创新而生成了战略性核心技术,但却都无一例外地保持并动态升级着既有的技术平台基础。企业的技术创新活动是作用在具体的"技术平台基础"之上才能够最终结果。技术平台体现了企业以往技术能力的积累过程与沉淀,是一切暗默知识的汇聚源,也是作为企业独特技术能力"基因"的有形载体,其承载和体现了专业化特征。公司具体的技术创新活动在专业的技术研发人员和专家的指导下,通过技术平台基础而生成战略性核心技术,并在这个循环的系统中,与企业的战略联盟成员实现跨组织的规范性同构。

本书首先采用扎根理论对 4 家案例公司的每一家公司进行纵向深度编码分析,提出了战略性核心技术形成机制的一般模型和研究假设,接下来运用跨案例分析法对 4 家案例公司进行横向比较,验证前文提出的假设,并最终得出装备制造业战略性核心技术形成机制的理论。

理论 1:国家产业安全战略、外部市场竞争和社会创新氛围以及公司战略构成良性循环系统,该系统是战略性核心技术形成的规制性机制,且国家产业安全战略正向显著影响公司战略;外部市场竞争和社会创新氛围对公司战略有正向显著影响作用。

理论 2:与国家产业安全战略保持战略一致的公司战略对知识产权、先进管理、人才与研发激励以及技术创新有显著影响且它们之间形成良性循环系统,该系统是战略性核心技术形成的模仿性机制,并通过战略选择起到公司战略与本循环系统的其他要素之间的中介作用。

理论 3:创新活动对技术平台基础有显著影响,是战略性核心技术形成的规范性机制,并且企业动态能力调节战略性核心技术的形成。

9.1.3　揭示了国家产业安全政策影响战略性核心技术的作用机理,为更有效地提出激励政策提供理论依据

发展和强大装备制造业始终都是我国长期坚持的国家战略,随着对装备制造业重要性认识的日益清晰,装备制造业作为大国博弈的利器作用日益突出,国家由早期的单纯技术引进到现在特别强调要独立自主的发展具有自主知识产权的关键核心技术,这个目标在十三个五年计划 / 规划中清晰可见。本书认为国家经济安全最重要的是作为生产机器的机器的装备制造业安全,而要解决装备制造业安全,关键在于攻克装备制造业的战略性核心技术。因此,本书首先提出要将战略性核心技术视同产业安全纳入国家顶层设计,其可以作为产业安全评价的独立部分,受产业安全政策影响。

在提出中国激励战略性核心技术形成的政策建议部分,本书一改以往研究的做法,从国家顶层战略设计的视角,从十三个五年计划 / 规划中剖析出国家装备制造产业安全政策(这无疑是国家装备制造业产业安全战略),围绕作用对象战略性核心技术,运用网络分析法计算并论证了国家产业安全政策影响战略性核心技术的作用机理。研究发现,网络的核心点是政府规制、基础科学研究,这两个政策内容点在网络中既占有重要的影响位置,又具有较大的独立性,因此在设计和制定装备制造业产业安全政策时要充分重视政府规制类政策的规范性和战略性,对基础科学研究类的政策设计与制定要从前沿性、资金扶持、实验基础设施和自主研究能力等方面进行有战略规划的,有目的和针对性的政策扶持。本书还认为在设计政策组合时,要在对核心专利充分分析的前提基础上进行,做到明确对象产品的“关联技术群”构成,使政策针对技术群中的技术集中“施药”。研究结论以下几点。

首先,从经济性规制看,在政府规制中增加各种直接的具有法律约束力的限制、约束、规范以及由此引致的应该由政府采取的行动和措施,以实现产业安全目标。如将经济性规制

引入装备制造业的外资企业中,对其进入方式进行控制,明确外资在中国装备制造业生产环节的行为许可范围以及外资对中方装备制造业投资的规制。政府还可以就价格规制、审计规制、财税规制等手段上对装备制造业产业安全进行保护。

其次,从法律性规制看,政府为了维护装备制造业产业安全要充分利用法律规制,完善知识产权立法。为了更好地适应经济发展新常态的要求,应围绕全面深化改革急需的项目,聚焦有关实施国家安全战略,维护国家安全的立法项目,着力从中国装备制造业产品研发与管理、创新基地的科研管理、科研生产设施保护与管理,以及战略性核心技术专利等相关的知识产权创造、运用、管理和保护等方面立法。

再次,从行政规制看,可以在特定时期,仿效日、美运用行政规制助力技术赶超。如在装备制造业产品从工业化向市场化推广试验阶段,政府可以结合经济性规制和行政规制(如政府采购)多种手段扶持中国装备制造业提高自身竞争力,在其作用基础消失的时候,再逐渐放松行政规制甚至取消。

再次,政府通过制定基础科学研究的重点推进战略,选择特定目标和领域,集中力量进行研究。具体如基础研究战略选择、基础研究经费的持续投入、通过政府采购拉动基础研究,推进基础研究成果的工业化转化速度,建立有效的基础研究的知识产权保护机制。

最后,政府应该继续大力营造务实和宽容的社会文化氛围、制定培育工匠精神的工匠制度和为具有工匠精神的企业和个人提供制度保障。工匠精神讲究专业、专注、钻深与钻透,于细小之处见传神。为此,要培养工匠,既做到"宽仁包容",更要做到事事"斤斤计较"。所谓宽仁包容意味着应该从思维上鼓励创新者犯错、试错和改错,使大家明白"错过比过错"更可怕,树立一种宽仁和包容的创新氛围。而所谓"斤斤计较"意味着在质量上,没有差不多,不达标绝不能结项,严守质量关;在管理上对违反制度的人,没有下不为例,严格进行惩处;追求完美,精雕细琢,死磕极致,把工作做到最好。在制度方面,教育制度可以仿效日本的教育培训体制,一方面增加技术人员的供给量,另一方面借此逐渐扭转当前人们只愿意做白领,不愿意弯下身子搞技术的偏见。在财税制度方面,可以仿效美国和欧盟对于具有技术创新能力的工匠人才给予三级税收减免,即对于企业而言,冲抵企业的所得税,企业的法定代表人可以借此抵扣其个人应交所得税,而具体的创新者(工匠本人)可以直接冲抵个人应交所得税;如此,将极大地激励企业鼓励工匠的培育。在社会福利保障制度方面,政府会同民政部门对于工匠和手艺人仿效技工评级,横向参照职称评定体系,设计工匠定级评价体系和对应的福利补贴体系。

9.2　创新点

本书主要包括3个方面的创新。

第一是概念创新,从技术层次细分的角度扩展性地提出战略性核心技术。现有研究核心技术主要关注内生能力培养上。事实上,本书的论述中已经表明,核心技术的生成不仅在于内生能力培养,认清装备制造业核心技术的"技术群"特征才是前提。研究表明,装备制造业的核心技术特征之一是具有高关联性的技术群,就像是横纵交叉复杂而有规律的"蹦床网线",且这种关联性所交叉的学科领域之广是装备制造业独有的。要想拥有战略性核心技术就非要攻克"技术群"中的技术不可。因此,本书创造性地提出全新构念"战略性核心技术"以做区分,这是对现有核心技术领域理论研究的扩展。

第二是架构创新,将影响组织场域的公司战略看成是一种架构,并在文中加以验证,丰富了制度同构理论的内容。一方面,本书通过案例分析和扎根分析归纳出战略性核心技术形成的一般框架提出研究假设,并用制度同构理论整体性地验证了框架和假设成立。另一方面,本书对制度同构中影响组织场域的公司战略看成是一种架构,运用战略选择理论和动态能力理论来研究公司战略与其他框架内要素之间的动态匹配和因果关系,并发现公司战略选择对战略性核心技术形成起中介作用,公司拥有的动态能力对战略性核心技术形成起调节作用,这进一步丰富了制度同构理论。

第三是理论创新,提出并验证了战略性核心技术的形成机制。本书通过专利分析对装备制造业战略性核心技术进行识别后发现其内核是交叉的关联性技术群,这对于深度剖析技术构成,检验技术形成机理具有重要作用,提出了规制性机制、模仿性机制和规范性机制是战略性核心技术形成机制,这是本书的理论创新。

9.3　研究局限与研究展望

9.3.1　研究局限

一方面,本书通过专利来识别战略性核心技术。诚然,战略性核心技术更多对应国家最高战略层面,并且可能有些技术是以暗默知识和技术保密的方式存在。但是,基于学术的要求和本人对于学术资源的驾驭能力,应用专利对战略性核心技术是相对的最好的方法。当然,未来如果能有机会接触到更高层次的学术资源,还可以更进一步深入地挖掘战略性核心技术与其他核心技术相比的不同,也可以使现在提出的理论模型得到更充分的检验。

另一方面,本书通过 3 个主要案例和 1 个理论饱和性检验的辅助案例探索性地提出了战略性核心技术形成机制的一般模型。但案例本身就具有特殊性,只是一定范围内的解释性,今后如果有可能还需要大量的样本进行实证检验。再者,本书所选择的案例是围绕前文界定的装备制造业的 3 个主要领域,在每个领域中选择的 1 个代表性这样做可能会影响外部有效性。最后,在核心技术领域的研究中,情境也是一个重要的要素,本书并没有细化技术、制度或文化的情境因素,也没有区分国有企业和民营企业面对的情境要素,这些也是将来研究中值得深入的地方。

9.3.2　研究展望

第一,世界上的制造业强国,无一不是制造业大国。大量的基础能力根植于装备制造业等基础产业领域,从创新的角度看,装备制造业更是位于制造业创新网络的枢纽位置。1994年,英国经济学家格罗斯基曾对工业部门内部的创新流动情况进行了细致的研究,结果表明，机械、仪器仪表和电子是三个最主要的创新流出部门，它们为制造业其他领域提供了大量的创新资源和创新动力。

应该围绕战略性核心技术分析进行技术预测和评估，对战略性核心技术构成中的基础共性技术加强其开发。特别是当今世界进入新一轮产业变革，其变革的核心是制造业的智能化，而相关的战略性核心技术逐渐成为新的技术高地，发达国家也正在加快布局，我国应该尤其重视相关人力资源的培养。制造复杂产品和系统的技术能力与运作能力影响甚至决定了一个国家能否从创新中创造并获取价值的能力。制造和创新能够在同一"产业公地"上共同成长。

第二，鼓励高等院校和科研机构向企业转移自主创新成果。国家发展改革委、教育部、科技部、国家知识产权局等部门指导、支持高等院校、科研机构和企业，强化自主创新项目的筛选、评估和知识产权保护，完善技术转移机制，积极推动自主创新成果的转移和许可使用；鼓励企业间技术成果的转移；高等院校和科研机构技术转让所得，按照有关税收法律和政策规定享受企业所得税减免优惠。

第三，鼓励科研人员开展自主创新成果转化成产业化活动。高等院校和科研机构在专业技术职务评聘中，要将科研人员开展自主创新成果产业化情况作为重要的评价内容，引导、支持科研人员积极投身于自主创新成果产业化活动。对在自主创新成果产业化工作中做出突出贡献的人员给予奖励。加大政府投入力度，政府应根据财力的增长情况，继续增加投入，主要通过无偿资助、贷款贴息、补助（引导）资金、保费补贴和创业风险投资等方式，加大对自主创新成果产业化的支持，加快自主创新成果的推广应用，提高自主创新成果产业化水平。

参考文献

[1] 张培刚. 农业与工业化 [M]. 北京:中国人民大学出版社,2014:109.

[2] 马克思. 资本论(第 2 卷)[M]. 北京:人民出版社,2004:489.

[3] 斯塔夫里•阿诺斯. 后美国世界——大国崛起的经济新秩序时代 [M]. 赵广成,林民旺, 译. 北京:中信出版社,2009.

[4] 乔•瑞恩,西摩•梅尔曼. 美国产业空洞化和金融崩溃 [J]. 商务周刊,2009(6):43-48.

[5] Scott,John. Social Network Analysis:A Handbook. London;Newbury Park:Sage Publications,2000.

[6] 黄贞谕. 上海机械工业应如何调整 [J]. 社会科学,1981(5):97-100.

[7] 王福君. 基于特殊分工基础上的产业内升级程度评价指标体系研究 [J]. 学术界,2009(12):167-169.

[8] 练元坚. 发展装备制造业的分类思考 [J]. 机电产品开发与创新,2001:4-9.

[9] 邹十践. 展望 21 世纪的制造科学初探我国制造业的发展思路 [J]. 江苏社会科学(自然科学版),2002(3):1-7.

[10] Chris Freeman,Luc Soete. 工业创新经济学 [M]. 华宏勋,华宏慈,等译. 北京:北京大学出版社,2004.

[11] Björn A.Sandén and Christian Azar,2003,Near-term technology policies for long-term climate targets,Submitted for publication in Energy Policy,Oct,2003,Chalmers University of Technology,Göteborg,Sweden.

[12] Frankel,M. Obsolescence and Technological Change in a Maturing Economy[J]. American Economic Review,1995,45:296-319.

[13] Andrea.Innovation Strategy[M].Prentice,1992.

[14] Patel&Pavitt.The continuing,widespread(and neglected)importance of improvements in mechanical technologies[J].Research Policy,1994,23(5):533-545.

[15] Marc&Luis.Journal of Product Innovation Management,Technology strategy in a software products company[J].Journal of Product Innovation Management,1995,12(4):294-306.

[16] Lopez.Technology strategy in a software products company[J].Journal of Product Innovation Management,1995,12(4):294-306.

[17] Bell&Pavitt.Resource and sustained competitive advantage[J].Journal of Management,1991,17(1):99-120.

[18] C.K.Prahalad,G.Hamel.The Core Competence of the Corporation[M].Strategic Learning in a Knowledge Economy,2000,10:3-22.

[19] K.E.Marino.Theory Construction as Disciplined Imagination [J].The Academy of Management Review,1995,14（4）:516-531.

[20] S.Lee，B.Yoon，J.Park.Strategic and institutional approaches[J].The Academy of Management Review,1995,20:571

[21] Hsiao-Chun Wu, Hung-Yi Chen, Kung-Yen Lee.Unveiling the core technology structure for companies through patent information[J].Technological Forecasting&Social Change，2010（77）:1167-1178.

[22] 制造强国战略研究项目组．制造强国战略研究 领域卷（一）[M]．北京:电子工业出版社,2016.

[23] 洪勇、苏敬勤．发展中国家核心产业链与核心技术链的协同发展研究 [J]．中国工业经济,2007（6）:38-45.

[24] 马俊如．核心技术与核心竞争力——探讨企业为核心的产学研结合 [J]．中国软科学,2005（7）:4-6.

[25] 全裕吉,陈益云．从非核心技术创新到核心技术创新——中小企业创新的一种战略 [J]．科学管理研究,2003,21（3）:5—8,27.

[26] 操龙灿,杨善林．产业共性技术创新体系建设的研究 [J]．中国软科学，2005（11）:77-82.

[27] 郁培丽,樊治平．面向企业核心能力的核心技术研究与开发 [J]．科研管理，2008，24（2）:73-76,40.

[28] 罗吉利,李孟军,姜江,游翰霖,徐建国．基于证据推理的核心技术识别方法研究 [J]．情报杂志,2015,34（1）:38-43,31.

[29] 胥和平．中国战略技术及产业发展的系统思考 [J]．中国工业经济,2002（8）:5-14

[30] 房汉廷,金延新,屈宏．中国战略性技术及其产业化的七大问题 [J]．中国工业经济,2003（6）:5-11.

[31] Dowling & Michael.Phase of Imitation and Innovation in a North-south Endogenous Grow the Model[J].Oxford Economic,1999,51（1）:60-88.

[32] Henderson.Functions of Innovation Systems: A New Approach for Analyzing Technological Change[J].Technological Forecating&Social Change,2007,6（74）:413-432.

[33] Fernand et al.Open Innovation in an Enterprise 3.0 framework: Three Case Studies[J].Expert Systems with Applications,2012,6（39）:8929-8939.

[34] Audretsch & Feldman.Innovation in Cities: Science-based Diversity，Specialization and Localized Competition[J].European Economic Review,1999,43（2）:409-429.

[35] Dumais & Desmet.The Intensification of Innovation[J].International Jouranl of Innovation Management,2002,7（1）:53-83.

[36] Gorg & Strobl.Leonardo. Barton D.Wellspring of Knowledge: Building and Sustaining the Sources of Innovation[M].Boston: Harvard Business School Press,1995.

[37] Ammon & Martin.Hsieh M.H.Tsai K.H.Technological Capability Social Capital and the Launch Strategy for Innovation Products[J].Industrial Marketing Management，2007，36（4）：493-502.

[38] 杨华峰,申斌.装备制造业原始创新能力评价指标体系研究 [J].工业技术经济,2007（11）:26-37.

[39] 王章豹,孙陈.我国装备制造业行业技术创新效率测度研究 [J].中国科技论坛,2007（8）:28-33.

[40] 吴雷,陈伟.基于 DEA 的装备制造业技术创新能力的评价研究 [J].科技管理研究,2009（6）:43-55.

[41] 赵金楼,李钊,刘家国,等.装备制造业技术引创能力模型及其评价指标体系研究 [J].科技管理研究,2009（12）:65-77.

[42] 周志春.我国地区装备制造业竞争力的测度与评价 [J].经济问题探索,2009（8）:78-92.

[43] 王章豹,郝峰.基于因子分析和黄金分割法的我国装备制造业区域产业创新力综合评价研究 [J].工业技术经济,2009（1）:77-89.

[44] 罗吉利,李孟军,姜江,游翰霖,徐建国.基于证据推理的核心技术识别方法研究 [J].情报杂志,2015,34（1）:38-43.

[45] 栾春娟,王续琨,刘则渊.基于《德温特》数据库的核心技术确认方法 [J].科学学与科学技术管理,2008（6）:32-34.

[46] 沈君,王续琨,高继平,等.基于文献计量指标的关键技术的探寻——以第三代移动通信技术为例 [J].情报杂志,2011,30（9）:34-40.

[47] 黄鲁成,石媛媛,吴菲菲.基于专利数据的太阳能电池研发态势及技术构成分析 [J].情报杂志,2015（2）:56-70.

[48] 张杰,刘粉香,翟东升,黄鲁成.基于共现网络的核心技术领域识别研究 [J].情报杂志,2012,31（11）:35-39.

[49] 杨震宁,李东红,马振中.关系资本、锁定效应与中国制造业企业创新 [J].科研管理,2013,34（11）:42-52.

[50] Kim L.Imitation to Innovation.The dynamics of Korea's Technological Learning[M].Boston MA.Harvard Business School Press,1997.

[51] Lall S.Building Industrial Competitiveness in Developing Countries[R].Paris Development Center Organization for Economic Cooperation and Development,1990.

[52] Figueiredo P.N.Industrial Policy Changes and Firm-level Technological Capability Development.Evidence from Northern Brazil[J].World Development,2008,36（1）:55-88.

[53] Sharif M.N. Technology Strategy in Development Courtries：Evolving from Comparative to Competitive Advantage[J].International Journal of Technology Management，1988，14（2/3/4）:309-343.

[54] Leonardo.Barton.Organizational Culture as a Knowledge Repository for Increased Innovation Capacity[J].Technovation，2004，24（2）：483-498.

[55] Hsieh & Tsai.The Dilemma of Qualitative Method：Herbert Blumer and the Chicago Tradition[M].london：Routledge，1989，18.

[56] Gonsen R.Technological Capabilities in Developing Countries：Industrial Biotechnology in Mexico[M].London：Macmillan，1988.

[57] Rush H，Bessant J.Hobday M.Assessing the Technological Capabilities of Firms：Developing a Policy Tool[J].R&D Management，2007，37（3）：221-236.

[58] 林毅夫，蔡昉. 经济发展战略对劳均资本积累和技术进步的影响——基于中国经验的实证 [J]. 中国社会科学，2003（4）：19-44.

[59] 李伟. 市场化改革与产业技术创新的阶段性演进——兼析中国产业技术追赶的绩效差异 [J]. 科学学与科学技术管理，2008（11）：54-60.

[60] 刘兵，邹树梁，李玉琼，曾经莲，陈甲华. 复杂产品系统创新过程中产品开发与技术能力协同研究——以核电工程为例 [J].2011，32（11）：59-70.

[61] 董洁. 论技术引进与自主创新的协同发展 [J]. 科学学与科学技术管理，2007（4）：175-176.

[62] 陈国宏，郭弢. 我国 FDI、知识产权保护与自主创新能力关系实证研究 [J]. 中国工业经济，2008（4）：25-33.

[63] 何维达，陈雁云. 入世后我国机械工业经济安全的 DEA 模型估算 [J]. 国际贸易问题，2005（6）：54-59.

[64] 张碧琼. 国际资本扩张与经济安全 [J]. 中国经贸导刊，2003（6）：30-31.

[65] 许铭. 中国医药产业安全评估的实证分析 [J]. 经济管理，2004（12）：59-63.

[66] 王学人，张立. 产业安全问题制度非均衡成因探讨 [J]. 求索，2005（4）：18-20.

[67] 景玉琴. 产业安全评价指标体系研究 [J]. 经济学家，2006（3）：70-76.

[68] 李孟刚. 产业安全理论的研究 [D]. 北京：北京交通大学，2006.

[69] 吕政. 自主创新与产业安全 [J]. 中国国情国力，2006（8）：14-15.

[70] 雷家骕. 关于国家经济安全研究的基本问题 [J]. 管理评论，2006（7）：3-7.

[71] 何维达. 全球化背景下的国家经济安全与发展 [M]. 北京：机械工业出版社，2012：57.

[72] 景玉琴. 产业安全概念探析 [J]. 当代经济研究，2004（3）：29-31.

[73] 朱建民，魏大鹏. 中国装备制造业产业安全评价指标体系的构建与实证研究 [J]. 亚太经济，2012（2）：110-114.

[74] 温俊萍. 发展中国家经济安全问题的制度分析 [J]. 经济问题，2007（8）：12-14.

[75] Hall & Taylor.The Dilemma of Qualitative Method：Herbert Blumer and the Chicago Tradition[M].London：Routledge，1989，18.

[76] Morgan.Managing technological innovation and entrepreneurship[M].Virginia：Reston，1984.

[77] 道格拉斯·C. 诺斯. 经济史中的结构与变迁 [M]. 陈郁, 译. 上海: 上海人民出版社, 1981.

[78] Marshall Scott Poole and Andrew H. van de Ven.Using Paradow to Build Management and Organization Theories [J]. The Academy of Management Review, 1989, 14(4): 562-578.

[79] Powell & DiMaggio.Comments on "What theory is not"[J].Administrative Science Quarterly, 2010, 40(3): 391-397.

[80] DiMaggio & Powell.Comments on "What theory is not"[J].Administrative Science Quarterly, 2011, 40(3): 391-397.

[81] Teece. 创新思想者: 当代十二位创新理论大师 [M]. 陈劲, 王焕祥, 译. 北京: 科学出版社, 2011(6): 66-75.

[82] Pisano & Shuen.Dynamic Capabilities and Strategic Management[M].Knowledge and Strategy, 1999: 77-115.

[83] 杨铁军. 专利分析实务手册 [M]. 北京: 知识产权出版社, 2012(1): 154.

[84] 姜南. 专利密集型产业创新效率体系评估研究 [J]. 科学学研究, 2014, 32(7): 1003-1011.

[85] 徐明, 姜南. 多维专利视角下的产业创新活动影响因素分析 [J]. 科学学与科学技术管理, 2013, 34(12): 69-77.

[86] 孙玮, 陈燕, 孙全亮. 中国制造业专利密度的行业分布特征及影响因素分析 [J]. 科学学与科学技术管理, 2015, 36(4): 95-104.

[87][88] 栾春娟. 战略性新兴产业共性技术测度指标实证研究 [J]. 中国科技论坛, 2012(6): 73-77.

[89] Fennifer Platt.The role of corporate scientists in innovation[J].Research Policy, 2006, 35 (1): 24-36.

[90] Yin R K. Case Study Research: Design and Methods[M].Thousand Oaks: Sage, 1994.

[91] Kathleen M. Eisenhardt. Better Stories and Better Constructs: The Case for Rigor and Comparative Logic[J]. The Academy of Management Review, 1990, 16(3): 620-627.

[92] Glaser&Strauss.Temporal aspects of dying as a non-scheduled status passage[J].American Journal of Sociology, 1965, 71(1): 13-15.

[93] Sanders.P.Phenomenology: A new way of viewing organizational research[J].Academy of Management Review, 1982, 7(3): 353-360.

[94] 杜运周, 尤树洋. 制度逻辑与制度多元性研究前迥探析与未来研究展望 [J] 外国经济与管理, 2013, 35(12): 2-10.

[95] 陈怀超, 范建红. 组织场域研究脉络梳理与未来展望 [J]. 现代财经, 2016(1): 33-45.

[96] Krucken G. Organizational Fields and Competitive Groups in Higher Education: Some Lessons from the Bachelor /Master Reform in Germany[J]. Management Revue, 2007, 18(2): 187-203.

[97] Souitaris V. et al. Which inon cage？Enclo-and exoisomorphism in corporate venture captial programs[J]. Academy of Management Journal, 2012, 55（2）: 477-505.

[98] 陈扬. 组织多元应对策略前沿研究评述"从制度逻辑"到"组织身份"[J]. 华东经济管理, 2015, 29（10）: 146-151.

[99] 罗珉. 企业战略行为研究述评 [J]. 外国经济与管理, 2012, 34（5）: 35-44.

[100] 刘永平. 我国产业安全政府监管体系研究 [D]. 北京: 北京交通大学, 2016.

[101] 向一波, 郑春芳. 中国装备制造业产业安全的含义及对策研究 [J]. 兰州学刊, 2013（3）: 89-103.

[102] 魏江, 王铜安. 装备制造业与复杂产品系统的关系研究 [J]. 科学学研究, 2007（10）: 23-34.

[103] 邹昊, 段晓强, 杨锡怀, 孙琦. 技术关联: 一个概念性的研究综述 [J]. 管理世界, 2006: 13-17.

[104] 郭熙保. 张培刚对发展经济学的开创新贡献 [J]. 经济学动态, 2011: 10-23.

[105] 张迎新. 基于动态能力的"可持续型"政府、企业与社会关系的研究——社会转型期视角 [J]. 经济与社会管理, 2014: 78-97.

[106] 沈洪涛, 苏亮德. 企业信息披露中的模仿行为研究——基于制度理论的分析 [J]. 南开管理评论, 2012: 34-64.

[107] 胥和平. 中国战略技术及产业发展的系统思考 [J]. 中国工业经济, 2002: 63-70.

[108] 毛蕴诗, 徐向龙, 陈涛. 基于核心技术与关键零部件的产业竞争力分析——以中国制造业为例 [J]. 经济与管理研究, 2014（1）: 47-88.

[109] 丁明磊, 刘秉镰. 我国产业技术体系建设的主要问题与对策研究 [J]. 科研管理, 2012（7）: 92-123.

[110] 丁明磊, 张换兆, 陈志. 从自主创新战略高度重视产业技术体系的顶层设计 [J]. 科学管理研究, 2013（6）: 120-127.

[111] 李宏宇, 李艳, 彭齐治. 基于专利分析的企业技术定位研究——以红外探测技术为例 [J]. 情报理论与实践, 2015（7）: 93-123.

[112] 栾春娟, 覃雪. 技术部类之间会聚指数测度的方法与指标 [J]. 研究与发展管理, 2016（5）: 78-91.

[113] 王铜安. 重大技术装备制造型企业技术整合的架构与机理 [D]. 杭州: 浙江大学, 2008.

[114] 李丫丫, 赵玉林. 基于专利的技术融合分析方法及其应用 [J]. 科学学研究, 2016（2）: 74-90.

[115] 粟进. 科技型中小企业技术创新驱动因素的探索性研究 [D]. 天津: 南开大学, 2014.

[116] 粟进, 宋正刚. 科技型中小企业技术创新的关键驱动因素研究——基于京津 4 家企业的一项探索性分析 [J]. 科学学与科学技术管理, 2014（5）: 97-123.

[117] 白长虹, 刘春华. 基于扎根理论的海尔、华为公司国际化战略案例相似性对比研究 [J]. 科研管理, 2014（3）: 123-145.

[118] 张明,路风.思科诉华为:对中国企业技术能力成长和政府政策的思考[J].国际经济评论,2003(8):158-179.

[119] 陈惠仁.中国机床消费市场的新变化[J].机电商报,2016(1):54-61.

[120] 范为民.智能化制造是未来专用车发展的必然趋势[J].轻型汽车技术,2016(4):22-33.

[121] 黄志凌.加大经济战略纵深研究,增强中国抗冲击任性[J].全球化,2015(8):13-25.

[122] 罗文.德国工业4.0战略对我国推进工业转型升级的启示[J].中国电子报,2014(8):64-76.

[123] 郝世绵,赵瑾.产业集群技术能力研究综述与启示[J].安徽科技学院学报,2010(11):89-100.

[124] 崔淼,苏敬勤.技术引进与自主创新的协同:理论和案例[J].管理科学,2013(4):43-57.

[125] 张林超.中国重大装备产业安全研究[D].成都:西南财经大学,2008.

[126] 王子龙.中国装备制造业系统演化与评价研究[D].南京:南京航空航天大学,2007.

[127] 安果,伍江.FDI在我国技术溢出效应弱化的理论解释——基于技术采用方的角度[J].科技管理研究,2007(10):12-32.

[128] 陆晓芳.吉林省主导产业技术发展预见研究[D].长春:吉林大学,2007

[129] 王燕,赵连明.区域自主创新中要重视战略技术的选择[J].经济纵横,2010(6):132-143.

[130] 王世明.装备产品集成创新的模式及选择研究[D].大连:大连理工大学,2010.

[131] ERNST H.Patent portfolios for strategic R&D planning[J].Journal of Engineering and Technology Management,1998(4):279-308

[132] Chang S.Using patent analysis to establish technological position: two different strategic approaches.[J].Technological Forecasting&Social Change,2012,79(1):3-15.

[133] 李志刚.扎根理论方法在科学研究中的运用[J].东方论坛,2007(4):45-63.

[134] 杨云龙.中国经济结构变化与工业化[M].北京:北京大学出版社,2008(5):47.

[135] 陈晓平,徐淑英,樊景立.组织与管理研究的实证方法[M].北京:北京大学出版社,2012.

[136] 程华,钱芬芬.政策力度、政策稳定性、政策工具与创新绩效——基于2008—2009年产业面板数据的实证分析[J].科研管理,2013,34(10):103-108.

[137] 詹雯婷,章熙春,胡军燕.产学研合作对企业技术能力结构的双元性影响[J].科学学研究,2015,33(10):1527-1537.

[138] 李坤,于渤,李清均."躯干国家"制造向"头脑国家"制造转型的路径选择[J].管理科学,2014(7):1-11.

[139] 尹彤,刘连峰,张帅,孙玉涛.中国装备制造业技术创新集聚及其演变[J].大连理工大学学报(社会科学版),2016,37(3):41-47.

[140] 崔淼,苏敬勤,王淑娟. 后发复杂产品系统制造企业的技术演化:一个探索性案例研究 [J]. 南开管理评论,2012,15(2):128-135.

[141] 程国强,朱德满. 中国工业化中期阶段的农业补贴制度与政策选择 [J]. 管理世界,2012 (1):9-20.

[142] 苏敬勤,刘静. 基于集成商视角的复杂产品系统创新驱动力研究 [J]. 经济管理,2012 (6):188-195.

[143][144] 杜仲霞. 美国外资并购国家安全审查制度及对我国的启示 [J]. 现代经济探讨, 2013(3):74-78.

[145] 苏敬勤,刘静. 复杂产品系统创新的核心技术控制力演化——验证性多案例研究 [J]. 科学学与科学技术管理,2014,35(9):24-30.

[146] 王续琨,刘洋,侯剑华. 论战略性新兴技术 [J]. 科学学研究,2011,29(11):1601-1606.

[147] 王桂侠,万劲波. 自主技术体系内涵特征及建设路径研究 [J]. 科学学与科学技术管理, 2014,35(2):55-63.

[148] 睦纪纲. 技术与制度的协同演化:理论与案例研究 [J]. 科学学研究,2013,31(7):991-997.

[149] 董楠楠,钟昌标. 美国和日本支持国内企业创新政策的比较与启示 [J]. 经济社会体制比较,2015(3):198-207.

[150] 黄群慧,贺俊. 中国制造业的核心能力、功能定位与发展战略 [J]. 中国工业经济,2015 (6):5-17.

[151] 崔淼,苏敬勤. 技术引进与自主创新得到协同:理论和案例 [J]. 管理科学,2013,26(2): 1-11.

[152] 姚明明,吴晓波,石涌江,戎珂,雷李楠. 技术追赶视角下商业模式设计与技术创新战略的匹配——一个多案例研究 [J]. 管理世界,2014(10):149-188.

[153] 李红勋. 基于国家安全视角构建关键核心技术管理体系 [J]. 科学管理研究,2015,33 (2):12-15.

[154] 栾春娟,刘则渊,王贤文. 发散与收敛:技术关联度的演变趋势分析 [J]. 研究与发展管理,2013,25(4):87-95.

[155] Jakob Edler, Luke Georghiou.Public procurement and innovation—Resurrecting the demand side [J].Research policy,2007(36):949-963.

[156] Ming-Ter Chen.Competitor Analysis and Interfirm Rivalry: Toward a Theoretial Integration[J].The Academy of Management Review,2006,21(1):100-134.

[157] William A. Kahn and Kathy E.Kram.Authority at work: Internal Models and Their Organization Consequences[J].The Academy of Management Review,2010,19(1):17-50.

[158] Mike W Peng, Denis YL Wang and Yi Jiang.An institution-based view of international business strategy: a focus on emerging economic[J].Journal of International Business Studies 2008(39):920-936.

[159] Paul J.DiMaggio.Comments on "What theory is not"[J].Administrative Science Quarterly, V2010,40（3）:391-397.

[160] Klaus E.Meyer，Saul Estrin，Sumon Kumar Bhaumik. Institutions，Resources，and Entry Strategies in Emerging Economies[J].Strategy Management Journal,2008（9）:61-80.

[161] Jungho Kim，Chang-Yang Lee，Yunok Cho.Technological diversification，core-technology competence,and firm growth[J].Research Policy,2016（45）:113-124.

[162] Jeffrey Pfeffer.Barriers to the Advance of Organizational Science: Paradigm Development as a Dependent Variable[J].The Academy of Management Review,2012,18（4）:599-620.

[163] Cynthia A.Lengnick-Hall and Mark L.Lengnick-Hall.Strategic Human Resources Management: A Review of the Literature and a Proposed Typology[J].The Academy of Management Review,2011,13（3）:453-470.

[164] Blake E. Ashforth and Fred Mael.Social Identity Theory and the Organizaion[J].Social Identity Theory and the Oragnizaion[J]. The Academy of Management Review，2006，14（1）: 20-39.

[165] Roy J. Lewicki，Daniel J. Mcallister and Robert J.Bies.Trust and Distrust: New Relationships and Realities[J]. The Academy of Management Review,2000,23（3）:438-458.

[166] Karl E. Weick.What Theory is Not，Theorizing is[J].Administrative Science Quarterly, 2011,40（3）:385-390.

[167] Giovanni Dosi.Technological paradigms and technological trajectories[J].Research Policy 1982（11）:147-162.

[168] Blake E. Ashforth and Fred Mael.Social Identity Theory and the Organizaion[J].Social Identity Theory and the Oragnizaion[J]. The Academy of Management Review，2010，14（1）: 20-39.

[169] Glenn R. Carroll.A Sociological View on Why Firms Differ[J].Strategic Management Journal,2012,14（4）:237-249.

[170] Kathleen M. Eisenhardt.Theories from Case Study Research[J]. The Academy of Management Review,2012,14（4）:532-550.

[171] Marshall Scott Poole and Andrew H. van de Ven.Using Paradow to Build Management and Organization Theories [J]. The Academy of Management Review,1989,14（4）:562-578.

[172] Robert K.Yin.The Case Study Crisis: Some Answers [J]. Administrative Science Quarterly, 1981,26（1）:58-65.

[173] Hobday M. Product Complexity，Innovation and Industrial Organization[J]. Research policy, 1998（26）:689-710.

[174] Gann D M，Salter A J. Innovation in Project-based，Service-enhanced Firms: The Construction of Complex Products and Systems[J]. Research Policy, 2000（29）:955-972.

[175] Davies A. The Life Cycle of A Complex Product System [J]. International Journal of Inno-

vation Management, 1997, 1（3）: 229-256.

[176] Breznitz D, Murphree M. Run of the Red Queen: Government, Innovation Globalization and Economic Growth in China[M]. London: Yale University Press, 2011.

[177] Kopp D G, Litschert R J. A Buffering Response in Light of Variation in Core Technology, Perceived Environmental Uncertainty, and Size[J]. The Academy of Management Journal, 1980, 23（2）: 252-266.

[178] Carayannis E G, Rogers E M, Kurihara K, et al. Hightechnology Spin- offs From Government R&D Laboratories and Research Universities[J]. Technovation, 1998, 18（1）: 1-11.

[179] Cardinal L B. Technological Innovation in The Pharmaceutical Industry: The Use of Organizational Control in Managing Research and Development[J]. Organization Science, 2001, 12（1）: 19-36.

[180] Christophe E C, Jessie P, Michel K. The Influence of Individual, Contextual, and Social Factors on Perceived Behavioral Control of Information Technology: A field Theory Approach[J]. Journal of Management Information Systems, 2011, 28（3）: 201-234.

[181] Abbey A, Dickson J W. R&D Work Climate and Innovation in Semiconductors[J]. Academy of Management Journal, 1983, 26（2）: 362-368.

[182] Guzzo R A, Dickson M W. Teams in organization: Recent Research on Performance and Effectiveness[J]. Annual Review of Psychology, 1996（47）: 307-338.

[183] Bernstein B, Singh P J. An Integrated Innovation Process Model Based on Practices of Australian Biotechnology Firms[J]. Technovation, 2006, 26（5）: 561-572.

[184] Sosa M E, Eppinger S D, Rowles C M. A Network Approach to Define Modularity of Components in Complex Products[J]. Journal of Mechanical Design, 2007, 129（11）: 1118-1130.

[185] Nelson R R, Winter S G. An Evolutionary Theory of Economic Change[M]. Cambridge: Harvard University Press, 1982. [20] Utterback J M, Abernathy W J. A Dynamic Model of Product and Process Innovation[J]. Omega, 1975, 3（6）: 639-656.

[186] Dosi G, Nelson R R. An Introduction to Evolutionary Theories in Economics Journal of Evolutionary Economics[J]. Journal of Evolutionary Economics, 1994, 4（3）: 153-172.

[187] Eisenhardt K M. Building Theories from Case-study Research[J]. Academy of Management Review, 1989, 14（4）: 532-550.

[188] Yan A, Gray B. Bargaining Power, Management Control and Performance in United States- china Joint ventures: A Comparative Case Study[J]. Academy of Management Journal, 1994, 37（6）: 1478-1517.

[189] Hunt S D, Morgan R M. The Comparative Advantage Theory of Competition[J]. Journal of Marketing, 1995, 59（2）: 1-15.

[190] Adner R, Levinthal D. Demand Heterogeneity and Technology Evolution: Implications for

Product and Process Innovation[J]. Management Science，2001，47（5）：611-628.

[191] David P A. Clio and Economics of QWERTY[J].American Economic Review，1985，75（2）：332-337.

[192] Metcalfe J S. Evolutionary Economics and Creative Destruction[M]. London：Routledge，1998.

[193] Storey D J，Tether B S. New Technology-Based Firms in the European Union：An Introduction[J]. ResearchPolicy，1998，26（9）：933-946.

[194] 魏延辉. 专利制度对经济增长作用效应与效率的研究 [M]. 北京：经济科学出版社，2017.

附　　录

验证性案例"天津赛象科技 TST–LCZ–3–80 型全钢载重子午线轮胎成型机形成机制的扎根分析"

本书采用天津赛象科技公司作为辅助性案例,用来做理论饱和性检验。

案例简介

天津赛象科技股份有限公司(以下简称赛象科技)是一家以生产子午线轮胎制造装备为主的高端橡胶机械装具生产企业。1984 年由英国邓禄普轮胎公司的爱尔兰工厂引进我国第一条二手子午线轮胎生产线。八五、九五和十五期间均承担国家重大项目的子项目,并研发成功。2002 年在发达国家技术控制和封锁、国内完全空白的状态下,自主研发并成功投产使用的"全钢丝子午线工程轮胎成型机",打破国外技术封锁,实现技术自主。

开放性编码

以下部分对于天津赛象科技的扎根分析过程与前面 3 个主案例的分析过程完全相同,下文采用集中说明的方式,将体现开放性编码、主轴编码和选择性编码过程的成果以表格的方式呈现。具体如下。

按照扎根理论的开放式编码的步骤,对赛象科技共贴出标签 127 个,用"a+ 序号"表示,保证了标签之间彼此独立。对同义标签进行合并,在此基础上对其做出进一步的归纳,形成了 102 个概念,用"aa+ 序号"表示。并进一步范畴化,将 102 个概念浓缩成 57 个范畴,范畴的命名有的使用专用学术术语,有的为本书根据研究需要自创表达。本书用"A+ 序号"表示范畴。具体的开放性编码过程及范畴化过程详见表 1 所示。

表 1　概念化和范畴化过程

贴标签	概念化	范畴化
a1 按客户要求定制化设计	aa1 为客户定制化设计(a1/a65)	A1 定制化设计与解决方案(aa1/aa8/aa35/aa61)
a2 机器的稳定性、可靠性、耐用性好	aa2 机器稳定、可靠、耐用(a2/a62)	A2 产品性能稳定、可靠、耐用,产品线丰富,可替代进口(aa2/aa4/aa5/aa12/aa44)
a3 与供应链合作伙伴进行战略合作开发	aa3 供应链战略伙伴合作开发(a3/a53/a87)	A3 供应链伙伴战略合作(aa3/aa24)
a4 机器性能达到 10 年前同类国际产品水平,性价比优,可实现替代进口	aa4 机器性价比优,替代进口(a4/a34/a35)	A4 关键部件国外产品性能更优(aa6)
a5 三鼓式载重子午胎一次法成型机填补国内空白,基本达到国际同类机型先进水平	aa5 机器填补国内空白(a5)	
a6 机器中的电器控制系统、液压系统和关键配套件等重要关键部件仍需要进口,其优于本国产品性能	aa6 电器控制系统、液压系统和关键配套件国外产品性能更优(a6)	
a7 中国产品具有自主知识产权	aa7 具有自主知识产权(a7)	

贴标签	概念化	范畴化
a8 与客户一起努力,为客户提供解决方案	aa8 为客户提供解决方案(a8)	A5 自主知识产权(aa7/aa13/aa19/aa32/aa97)
a9 高等子午线轮胎代表世界轮胎发展方向,我的子午化率非常低,远落后于国外	aa9 我国高等轮胎子午线化率低(a9)	A6 高等子午线化率低(aa9)
a10 发达国家对我国轮胎制造业进行技术封锁,独霸核心技术	aa10 发达国家技术封锁,独霸核心技术(a10/a71)	A7 国外技术封锁独霸核心技术(aa10)
a11 企业家偏好技术创新并有强烈的民族责任感	aa11 企业家偏好创新(a11)	A8 企业家(aa11/aa18)
a12 产品线丰富,部分产品达到或超过国际同类产品	aa12 产品线丰富,部分产品达到、超过国际同类产品(a12/a18)	A9 引进技术再创新(aa14/aa37/aa38)
a13 企业获得的众多专利	aa13 企业专利(a13)	A10 技术差距(aa15)
a14 第一台子午线轮胎生产线源自英国的二手生产线	aa14 初始技术源于英国二手生产线(a14)	A11 国家级项目经验(aa16/aa17)
a15 在国外实地考察,发现国内外差距来源	aa15 技术差距来源(a15)	A12 市场导向(aa20)
a16 承担多项国家级重大技术装备研制项目	aa16 承担国家级重大技术装备研制项目(a16/a49)	A13 技术成果转化(aa21)
a17 企业在承担国家项目过程中得到锻炼,积累了经验和研发能力	aa17 项目中积累经验和研发能力(a17/a24)	A14 企业成长(aa22/aa33/aa98)
a18 技术水平超过国外同类产品	aa18 企业家偏好为国争光(a19/a114)	A15 政府试点企业(aa23/aa45/aa53/aa65/aa68/aa74)
a19 面对国外技术封锁,企业家具有超人的胆识和对成功的执着追求	aa19 突破技术封锁(a20)	A16 国家使命和企业社会责任(aa25/aa60)
a20 突破技术封锁,令国际同行震动	aa20 以市场为导向(a21)	A17 主动学习先进认证体系(aa26)
a21 企业坚持以市场为导向	aa21 推动技术成果转化(a22/a25)	A18 产品销往世界包括国际轮胎巨头(aa27/aa42/aa82)
a22 采用合作开发和定向开发的方式推动科技成果转化	aa22 企业快速发展(a23/a36)	A19 企业技术战略适应国家战略(aa28)
a23 企业快速发展	aa23 授予高新技术企业(a26)	A20 政府重视企业、嘉奖企业(aa29/aa46/aa88)
a24 企业积累的课题和项目经验,促进企业发展,并蓄积了研发实力和生产能力	aa24 协同供应链上游共同发展、升级换代(a27/a33)	A21 科研经费高投入(aa30)
a25 尽产尽销,科技成果转化率100%	aa25 解决下岗职工就业(a28)	A22 信息化(aa31)
a26 赛象并授予高新技术企业,为地区经济发展做贡献	aa26 主动学习、适应国外产品认证体系(a29)	A23 定位未来新材料专用设备研发、智能化工厂(aa34/aa59/aa76/aa86/aa91/aa92)
a27 企业带动供应链上游相关企业共同发展	aa27 产品销往世界各地(a30/a31)	
a28 吸纳下岗职工就业	aa28 企业研发适应国家战略调整部署(a32)	A24 体制机制束缚技术创新(aa36)
a29 了解并适应国外企业对产品的质量认证	aa29 企业家受到国家领导人接见(a37/a126)	A25 国外企业抢占中国市场(aa39)
a30 产品打入国际市场,销往世界各地	aa30 科研经费长期高比例投入(a38)	A26 国外产品性价比低(aa40)
a31 世界著名轮胎企业配备赛象的产品和设备	aa31 企业信息化(a39)	A27 企业掌握全部制造工艺和技术(aa41)
a32 企业的研发适应了国家对于行业发展和产业结构调整的要求	aa32 创世界品牌(a40)	A28 技术升级瞄准国际趋势(aa43)
a33 龙头企业能带动全行业产品升级换代、结构调整	aa33 扩大生产(a41)	
a34 国产的产品可以帮助下游企业减少项目投资,压缩升级换代的时间	aa34 未来定位新材料专用设备研制(a42)	A29 注重知识产权管理,实施知识产权战略(aa47/aa48/aa69)
a35 产品有助于项目更新时间周期短、投入少,客观上保障了国家战略部署目标的实现	aa35 为客户设计最先进的产品(a43)	A30 建立先进研发中心与技术中心(aa49/aa77)
a36 企业迅速成长并成为行业排头兵	aa36 体制机制束缚技术创新(a44)	
a37 企业负责人因业绩突出受到国家嘉奖,受到国家领导人接见	aa37 子午线工业源于20世纪80年代,起步晚(a45)	
a38 长期保持科研经费的稳定高比例投入	aa38 技术学习的起点源于全套购买国外二手设备(a46)	
a39 企业上马信息化系统		
a40 在世界上创品牌		
a41 扩大厂房面积,增加生产规模		
a42 未来发展方向是积极研制开发新材料专用设备		

贴标签	概念化	范畴化
a43 为了客户，废掉原设计稿，追求与国际最先进技术比肩的关键设备一次法成型机	aa39 国外企业大量抢占中国市场（a47）	A31 美国限制中国轮胎工业（aa50）
a44 技术创新受到体制和机制的束缚	aa40 国外企业的产品技术一般，价格昂贵（a48）	A32 荣誉与嘉奖带来客户高信任度（aa51）
a45 我国子午线轮胎工业源于20世纪80年代中期	aa41 企业掌握全部制造工艺和技术（a50/a61）	A33 技术门槛高，需要持续技术积累（aa52）
a46 子午线轮胎工业的发展是从全套购买生产工艺、制造技术以及全套生产制造加工装备开始的	aa42 国际巨头轮胎企业使用赛象产品提高自己的竞争力（a51）	A34 技术人才是瓶颈（aa54）
a47 国外企业20强中有一半抢滩中国市场	aa43 技术升级瞄准国际趋势（a52/a74）	A35 社会观念阻碍人才储备（aa55）
a48 国外企业的轮胎技术一般价格昂贵	aa44 产品线拓展到新产品领域（a54/a55/a116）	A36 海外市场需求强劲（aa56）
a49 赛象承担国家级项目和国家重大技术装备项目	aa45 评为专利工作试点单位（a56）	A37 发达国家持续技术创新保持竞争优势（aa57）
a50 公司掌握了全部制造工艺和技术，能够替代进口	aa46 以专利获增收，政府专利奖金嘉奖（a57）	A38 学习并运用市场化手段（aa58）
a51 赛象产品被国际巨头企业看作提高市场竞争力，降低成本的工具	aa47 注重商标品牌管理（a58）	A39 科学管理（aa62/aa99）
a52 瞄准国际技术发展趋势，进行技术升级	aa48 成立知识产权专职部门（a59）	A40 引进外国专家人才（aa63）
a53 与国内供应链上伙伴合作开发高端轿车轮胎，掌握自主知识产权，打破封锁	aa49 建立先进研发中心与技术中心（a60）	A41 学习科学技术创新方法（aa64）
a54 产品线拓展到轻卡系列，填补国内空白	aa50 美国钢铁工业协会要求美国限制进口中国轮胎且配额制（a63）	A42 建立技术创新平台，吸收掌握先进创新理念（aa66）
a55 为美国定制飞机轮胎制造关键设备，拓展产品线到农用子午线轮胎领域	aa51 客户更相信获得荣誉的企业（a64）	A43 核心产品市场份额达到40%（aa67）
a56 赛象被列为天津市和国家级专利工作试点单位	aa52 行业技术门槛高，精度提高需要持续努力（a66）	A44 整合资本和市场资源（aa70）
a57 赛象以专利增收入，并受到天津市政府专利奖金嘉奖	aa53 被确立为天津市十一五轻工装备制造业和高新产业（a67）	A45 两化融合（aa71/aa73/aa75）
a58 公司注重商标品牌管理	aa54 技术人才是瓶颈（a68）	A46 转型升级（aa72/aa83/aa84/aa89/aa90）
a59 重视知识产权工作，成立专职部门	aa55 社会观念阻碍人才储备（a69）	A47 质量是前提保障（aa78）
a60 注重建立先进的研发实验室和技术中心	aa56 海外市场需求强劲（a70）	A48 德国企业注重标准，通过标准输出管理（aa79）
a61 产品覆盖系列全面，具备生产工艺全过程设计和制造能力	aa57 发达国家通过持续不断技术创新保持竞争优势（a72）	A49 国内轮胎企业和部分设备供应商不重视标准（aa80）
a62 产品合格率高	aa58 运用市场化手段竞标成功（a73）	A50 能适应客户标准，又能创新自己的标准（aa81）
a63 美国钢铁行业工会代表钢铁企业要求美国限制中国轮胎进入美国市场，且实施限额管理	aa59 国内智能化装备创新领域践行者（a75）	A51 以资本方式获取技术、人才、渠道（aa85/aa87）
a64 荣誉激励了员工，并促成客户更加信赖企业	aa60 肩负国家使命和社会责任（a76/a110）	A53 宽松的科研环境和宽容的心态接纳创新失败（aa93）
a65 赛象为每一个客户设计不同工艺的产品	aa61 为客户提供整体解决方案（a77）	A54 技术创新制度变革（aa94/aa95/aa96）
a66 橡机制造业技术门槛高，精度提高一点点需要巨大的努力与艰辛	aa62 科学管理，实现自动化、信息化和智能化发展工厂（a78/a125）	A55 转型升级激励企业创新赶超（aa100）
a67 赛象以自主知识产权品牌的形象被确认为天津市十一五规划的大力发展的轻工装备制造业、高新产业	aa63 引进外国专家人才（a79）	A56 订单式生产的项目性企业（aa101）
a68 企业面临发展的人才瓶颈，缺乏年轻技师	aa64 科学技术创新方法，成果显著（a80）	
a69 社会上追求成为企业白领的就业观念阻碍了技师后备人才的储备	aa65 国家级标准、创新试点企业（a81）	
a70 海外市场对于轮胎机械的需求量激增		
a71 美法日垄断技术，市场1利润丰厚，拒绝转让制造术		
a72 西方国家通过持续不断的技术创新拉大自身的技术优势，持续获得丰厚的利润		
a73 赛象运用市场化手段竞标，作为空客运输夹具的欧洲外第一家总承包商		
a74 赛象定位自动化、智能化和成为国内领先的专用设备服务商		

贴标签	概念化	范畴化
a75 立志成为国内智能化装备创新领域践行者	aa66 建立技术创新平台,吸收掌握先进创新理念(a82)	A57 创新历程三个阶段(aa102)
a76 以成为中国工业装备制造与世界同步发展贡献力量为使命,促进员工成长和提供投资者股东回报	aa67 核心产品市场份额达到40%(a83)	
a77 技术整合,为轮胎工厂提供整体解决方案	aa68 评为知识产权运用标杆企业(a84)	
a78 科学管理,实现自动化、信息化和智能化发展工厂	aa69 实施知识产权战略(a85)	
a79 注重外国专家的引进	aa70 整合资本和市场资源(a86)	
a80 赛象持续运用科学方法进行创新,成果显著	aa71 借助两化融合提升核心竞争力(a88)	
a81 国家注重标准设立和创新、品牌培育,赛象均作为试点企业参加	aa72 推进转型升级(a89)	
a82 建立技术创新平台,吸收掌握先进创新理念	aa73 两化融合实现基于设计与制造一体化的敏捷交付能力(a90)	
a83 企业销售收入连年增长,核心产品市场份额达到40%	aa74 国家首批两化融合管理体系认定企业(a91)	
a84 赛象被评为知识产权运用标杆企业	aa75 两化融合促进企业获利能力提升(a92)	
a85 赛象实施知识产权战略	aa76 从传统工业工厂向现代化智能工厂转型(a93)	
a86 赛象整合资本和市场资源,坚持技术创新得到政府领导肯定	aa77 院士专家工作站(a94)	
a87 合作开发巨型机装备	aa78 "互联网+"打好质量基础是前提(a95)	
a88 赛象借助两化融合打造核心竞争力	aa79 德国企业注重标准,通过标准输出管理(a96)	
a89 通过业务流程重组,组织结构优化和技术平台搭建制定数据规则,推进转型升级	aa80 国内轮胎企业和部分设备供应商不重视标准(a97)	
a90 通过两化融合,实现赛象基于设计与制造一体化的敏捷交付能力	aa81 既能做出客户要求标准的产品,又能创新出自己的标准(a98)	
a91 公司是国家首批两化融合管理体系认定企业	aa82 拥有整套知识产权的产品出口德国获得认可(a99)	
a92 两化融合促进企业获利能力提升	aa83 制造数字化、管理信息化、产品智能化、服务平台化(a100)	
a93 赛象从传统工业工厂向现代化智能工厂转型	aa84 制造型企业向服务型企业转型(a101)	
a94 院士专家工作站实现产学研合作	aa85 以收购、参股等资本方式获取技术、渠道和专利,甚至人才(a102/a107/a109)	
a95 互联网+重在打好质量基础	aa86 建智能装备—自动化物流完整解决方案的智慧工厂(a103)	
a96 德国企业注重标准,一切均要执行标准,且执行标准过程就是输出管理过程	aa87 资本收购显现协同效应(a104)	
a97 国内轮胎企业和部分设备供应商不重视标准	aa88 获得国家和天津市各种表彰(a105)	
a98 重视标准,做到既能做出客户要求标准的产品,又能创新出自己的标准	aa89 通过人工智能和机器人技术提高产品科技含量和竞争力(a106)	
a99 赛象科技拥有整套知识产权的产品出口德国获得认可	aa90 供应链前向一体化整合为智能工厂实现和客户综合解决方案提供做好准备(a108)	
a100 赛象通过制造数字化、管理信息化、产品智能化、服务平台化实现为全球轮胎客户提供定制化解决方案		
a101 赛象既做方案,又做服务,以此为目标,由制造型企业向服务型企业转型		
a102 以收购、参股等资本方式获取技术、渠道和专利,甚至人才		
a103 赛象的目标是建智能装备—自动化物流完整解决方案的智慧工厂		
a104 资本收购显现协同效应		
a105 赛象董事长获得表彰		
a106 通过人工智能和机器人技术提高产品科技含量和竞争力		

贴标签	概念化	范畴化
a107 为实现智能工厂的目标,以收购方式布局进入 AGV 机器人市场 a108 供应链前向一体化整合为智能工厂实现和客户综合解决方案提供做好准备 a109 通过兼并获得重要的渠道和客户服务经验 a110 赛象肩负企业社会责任 a111 企业做大后,定位于现有领域并向纵深方向发展 a112 企业定位专、精、特 a113 赛象为了激发创新能力培育一种宽松的创新环境并以宽容的心态接纳创新失败 a114 中国的企业家及其继承者的民族精神与创新争优的融合 a115 赋予公司创新团队选人、资金和其他资源的整合权力 a116 赛象进入航空轻工装备制造业夹具领域,是全新的技术学习与探索 a117 改革分配形式,实行主设计师负责制,以激发创新动力 a118 以公司制度的形式确定和保障技术创新的持续和科研热情 a119 运用自主知识产权保护关键技术,打造核心竞争力 a120 赛象名列国际橡机制造业前五名 a121 管理手段和系统支撑企业持续不断的科技创新 a122 世界轮胎前十强企业均用我国橡机产品 a123 橡机行业的转型升级激励企业通过创新赶超同行 a124 赛象属于订单式生产的项目性企业 a125 信息化最终实现了从研发设计到生产制造一体化,进一步挖掘了企业的核心竞争力 a126 国家领导人非常重视轻工装备制造业中小企业的发展,鼓励其自主创新 a127 赛象科技的创新历程是三个阶段从引进技术,消化吸收再创新到集成创新,到现在的原始创新	aa91 现有领域并向纵深方向发展(a111) aa92 定位专、精、特(a112) aa93 宽松的科研环境和宽容的心态接纳创新失败(a113) aa94 赋予公司创新团队权力(a115) aa95 改革分配制度,主设计师负责制(a117) aa96 公司制度保障技术创新(a118) aa97 运用自主知识产权保护关键技术,提升核心竞争力(a119) aa98 赛象名列国际橡机制造业第五名(a120) aa99 管理手段和系统支撑企业持续不断的科技创新(a121) aa100 行业的转型升级激励企业通过创新赶超同行(a122/a123) aa101 订单式生产的项目性企业(a124) aa102 创新历程是三个阶段从引进技术,消化吸收再创新到集成创新到现在的原始创新(a127)	

主轴编码

本书依据典范模型,得出对天津赛象科技战略性核心技术形成机制的 8 个主范畴。详见表 2 所示。

表 2　主范畴形成的典范模型

主范畴	因果条件	现象	脉络	中介条件	行动策略	结果
产业安全	A10	A7	A31	A6	A9/A57	A27
市场机制	A36	A12	A43	A26	A1/A38	A18
技术创新机制	A37	A30	A33	A28	A21/A41/A42	A55

主范畴	因果条件	现象	脉络	中介条件	行动策略	结果
企业家战略行为	A16	A44	A13	A8	A45/A46	A14
平台/供应链互补机制	A4	A25	A39	A22	A23/A3	A2
人才激励机制	A35	A34	A51	A53	A40	A55
知识产权战略机制	A29	A50	A49	A48	A17	A5
公司战略	A20	A24	A11	A32	A54	A19

选择性编码

选择性编码阶段主要是寻找具有统帅性质的核心范畴,形成明确的故事线,使之能够将各个范畴与核心范畴之间联系起来,验证各部分之间的关系,并把概念化尚未发展完善的范畴补充完整的过程。

经过开放性编码、主轴编码及其关联性分析之后,根据研究目的,结合对企业原始案例资料的分析和比较,发现战略一致性是在驱动天津赛象形成战略性核心技术,形成自己独特竞争优势的技术创新过程中发挥关键作用的范畴,同时也能将其与其他范畴串联起来,形成故事线。因此,"战略一致性"可以成为联动全部现象的一个核心范畴,即:研究的核心问题范畴化"国家战略导向与企业制度战略一致性"驱动了其他机制的构成要素。

附　　表

附表 1　大连机床集团有限公司案例的概念化和范畴化过程

贴标签	概念化	范畴化
a1 大连重大技术装备配套轴承项目获得中国工业大奖表彰	aa1 重大技术装备配套轴承项目获得中国工业大奖表彰(a1)	A1 获得中国工业大奖表彰(aa1)
a2 政府支持企业技术改造和技术研发	aa2 政府支持技术改造和技术研发(a2)	A2 政府政略和政策支持技术创新(aa2/aa5/aa71)
a3 实现从传统产业为主导过渡到以新兴产业为主导的产业升级	aa3 产业升级从传统产业为主导过渡到以新兴产业为主导(a3)	A3 从传统产业为主导过渡到新兴产业为主导(aa3)
a4 传统产业缺乏自主核心技术	aa4 传统产业缺乏自主核心技术(a4)	
a5 国家振兴东北老工业基地战略	aa5 国家出台振兴东北老工业基地战略,促进企业技术升级与改造(a5/a114)	A4 传统产业缺乏自主核心技术(aa4)
a6 重新布局产业链,将其纳入全球产业链	aa6 企业产业链纳入全球链条(a6)	A5 企业的产业链融入全球链条(aa6)
a7 中国数控机床与日本同时起步,中国依旧依赖进口,日本却成为机床强国	aa7 中国数控机床一直依赖进口(a7)	A6 数控机床依赖进口(aa7)
a8 机床工业是装备工业核心,关系国家经济命脉和安全	aa8 机床工业是装备工业核心,关系国家安全(a8)	A7 机床工业是装备工业核心,关乎产业安全(aa8)
a9 20 世纪 80 年代以后世界机床制造竞争焦点是数控机床	aa9 世界机床竞争焦点是数控机床(a9)	A8 世界机床竞争在数控机床(aa9)
a10 中国数控机床工业发展存在缺乏认识,技术基础薄弱,人员素质低,机床车体设计实力差,各种机、电、液、气配套基础元部件及数控系统不过关,工作不可靠,故障频繁的问题	aa10 缺乏认识,技术基础薄弱,人员素质低,设计能力差,配套基础元部件不过关,故障频发(a10)	A9 缺乏认识,技术基础薄弱,人员素质低,设计能力差,配套基础元部件不过关(aa10/aa74)
a11 政策的不连续性导致数控机床发展三起三落	aa11 政策不连续导致数控机床三起三落(a11)	A10 政策不连续导致数控机床发展断续(aa11)
a12 中国从国外引进数控系统技术,引进数控机床先进技术	aa12 从国外引进先进技术(a12)	A11 引进技术再创新(aa12)
a13 中国通过合资解决产品可靠性、稳定性的问题	aa13 通过合资生产解决产品可靠性与稳定性问题(a13)	A12 以合资生产解决产品可靠性和稳定性问题(aa13)
a14 中国数控机床能够储备一批设计、制造、使用和维护人才;合资合作使中国机床的设计、制造、使用水平大大提高;并能利用国外元部件进行基本的设计和制造	aa14 有储备人才,通过合资合作提升制造水平(a14)	A13 储备人才,合资合作提升制造水平(aa14)
a15 国家对数控机床采取扶植政策,并培养了国有机床厂和科研院所等骨干力量	aa15 培育有国有机床厂和科研院所(a15)	A14 拥有科研院所和研究机构(aa15/aa21)
a16 中国处于从仿制走向自行开发的过渡阶段	aa16 处于从仿制到自行开发的过渡阶段(a16)	A15 从仿制到自行开发(aa16)
a17 大连机床自己生产的高端产品上市国外同类产品价格马上下降	aa17 大连机床的高端产品上市逼迫国外同类产品降价(a17)	
a18 大连机床自主知识产权产品,打破发达国家的技术封锁和垄断	aa18 自主知识产权产品打破发达国家技术封锁和垄断(a18)	
a19 大连机床构建了完善技术创新体系	aa19 拥有完善的技术创新体系(a19)	
a20 大连机床通过并购国外企业吸收和消化先进技术,完成产品体系升级换代	aa20 通过并购国外企业吸收和消化先进技术(a20/a40)	
a21 有 1200 名技术人员;8 个国内研究所和 3 个海外技术分中心	aa21 在国内和海外均建有研究机构(a21)	
	aa22 将生产工厂向市场推移,以了解客户需求(a22)	
	aa23 大连机床注重服务(a23)	

贴标签	概念化	范畴化
a22 大连机床为了了解市场动态,了解客户需求将生产工厂向市场推移 a23 服务时大连机床创新商业模式的核心竞争力之一 a24 国家战略指导下,大连机床着手利用互联网和移动终端技术搭建"远程服务平台" a25 通过多维度、智能化平台取代传统单纯提供产品与技术支持的"线"式服务 a26 大连机床要成为互联网时代的制造专家 a27 大连机床与国外的差距不仅是核心技术还有外观精细度 a28 大连机床从外观到内在品质实行精细化工程管理 a29 采用德国、日本最先进的设计理念 a30 产品制造高于国家标准,比肩甚至超过国际标准 a31 智能化管理还增加了在运输传递过程产品的保护性 a32 流水线自动化保障了零部件的质量 a33 精细管理使产品外观与国外高档产品没有任何差别 a34 大连机床承担国家 04 重大专项课题,并始终锁定高端产品研发 a35 大连机床为国家重点行业和重点领域提供关键核心设备 a36 大连机床提供国内汽车 50% 的高档汽车发动机缸体、缸盖加工生产线 a37 能够提供国内控制难度最大,技术水平最高的生产线 a38 用自己的设备替代进口设备,且用途是军工行业的关键设备 a39 用自主知识产权产品替代国外产品,进一步打破国外垄断 a40 通过并购与合资掌握多种世界级技术 a41 通过拥有核心专利,将国外先进技术移植国内后,在此基础上再创新实现中国创造 a42 凭借国家政策,走出去开拓市场,进一步提高核心竞争力 a43 与供应链上下游企业合作,资源共享,协同开发 a44 每年 5 亿元左右的研发投入 a45 开发出大型五轴联动镗铣床、五面体加工中心、五轴联动高速加工中心、五轴联动立、卧式符合中心等产品,这些产品不但拥有自主知识产权和品牌,而且达到或接近当代世界机床的先进水平 a46 在七个方面关键技术和基础共性技术等领域,突破了一批制约我国数控机床产业发展的核心技术 a47 变传统一维单一方向服务理念为三平一云服务体系	aa24 利用互联网和移动终端搭建远程服务平台(a24) aa25 通过多维度、智能化平台替代传统单一线性平台(a25) aa26 公司目标成为互联网时代的制造专家(a26) aa27 传统产品外观精细度与国外存在差距(a27) aa28 从外观到内在品质执行精细化管理(a28/a33) aa29 学习德国日本最先进的设计理念(a29) aa30 产品制造过程高于国家标准,参照世界标准(a30) aa31 智能化管理提高管理效率(a31) aa32 自动化流水线保障了产品质量(a32) aa33 承担国家 04 重大专项,始终锁定高端产品研发(a34) aa34 为国家重点行业和领域提供关键核心设备(a35/a36) aa35 能提供国内技术水平最高的生产线(a37) aa36 在军工的关键设备领域替代国外产品(a38) aa37 用自主知识产权产品替代国外产品(a39) aa38 通过并购拥有核心专利—移植海外技术回国—二次创新(a41) aa39 充分利用国家政策走出去(a42) aa40 供应链上下游协同研发与合作(a43) aa41 每年 5 亿元的研发投入(a44) aa42 大型五轴联动镗铣床、五面体加工中心、五轴联动高速加工中心、五轴联动立、卧式复合中心等产品,拥有自主知识产权和品牌,达到或接近世界机床的先进水平(a45) aa43 关键技术和基础共性技术等领域有所突破(a46/a99) aa44 变传统一维单一方向服务理念为三平一云服务体系(a47) aa45 对用户设备需求、生产管理需求等多方面潜在需求进行研究(a48) aa46DMTGa 智能数控系统实现从数控机床向智能机床的飞跃(a49) aa47 精密机床系列产品投入使用(a50) aa48 与大连理工大学共同牵头成立"航天制造装备产业技术创新联盟""高档数控机床与基础制造装备"科技重大专项(a51)	A16 高端产品上市逼迫国外同类产品降价(aa17) A17 自主知识产权产品打破发达国家技术封锁和垄断(aa18/aa49) A18 完善的技术创新体系(aa19/aa54) A19 并购吸收国外先进技术(aa20/aa51) A20 生产工厂向市场推移,以了解客户需求(aa22) A21 利用互联网和移动终端搭建远程服务平台(aa23/aa24) A22 用多维度、智能化平台替代传统单一线性平台(aa25) A23 公司目标成为互联网时代的制造专家(aa26) A24 外观精细度与国外存在差距(aa27/aa70) A25 执行精细化管理,打造精品工程(aa28/aa77/aa87) A26 学习德国日本最先进的设计理念(aa29/aa104) A27 产品制造过程高于国家标准,参照世界标准(aa30) A28 执行智能化管理(aa31) A29 自动化流水线保障产品品质(aa32) A30 承担国家 04 重大专项,始终锁定高端产品研发(aa33) A31 为国家重点行业和领域提供关键核心设备(aa34/aa76) A32 能提供国内技术水平最高的生产线(aa35)

贴标签	概念化	范畴化
a48 大连机床与国家数控系统工程技术研究中心对用户设备需求、生产管理需求等多方面潜在需求进行研究	aa49 九轴联动高档数控机床打破发达国家对我国的技术垄断(a52)	A33 在军工的关键设备领域替代国外产品(aa36)
a49 通过配备 DMTGa 智能数控系统,大连机床集团实现产品由数控机床向智能机床的飞跃	aa50 集团集科研与制造为一体(a53)	A34 用自主知识产权产品替代国外产品(aa37)
a50 大连机床的精密卧式加工中心、精密立式加工中心、精密车削加工中心多人等9种型号设备首次被应用	aa51 通过海外并购/合资控股获得外资方专利技术,专有技术和技术开发能力(a54/a55/a79/a106)	A35 路径:拥有核心专利—移植海外技术回国—二次创新(aa38/aa53/aa61/aa81/aa82/aa101)
a51 与大连理工大学共同牵头成立"航天制造装备产业技术创新联盟""高档数控机床与基础制造装备"科技重大专项	aa52 企业技术人员定期去国外培训学习(a56)	A36 充分利用和响应国家政策(aa39)
a52 九轴联动高档数控机床,已达到国际先进水平,并打破发达国家对我国高档数控机床技术的垄断	aa53 以专机公司为主,并购后形成自主产权(a57)	A37 供应链上下游协同研发与合作形成产业联盟(aa40/aa109)
a53 大连机床集团集科研与制造为一体	aa54 形成博士后、博士,工程技术人员,中试基地组成的创新体系(a58)	A38 每年5亿元的研发投入(aa41/aa93)
a54 大连机床通过海外并购获得外资方专利技术,专有技术和技术开发能力	aa55 国际化战略获得了品牌、技术、市场和人才(a59)	A39 部分领域拥有自主知识产权和品牌,达到或接近世界机床的先进水平(aa42)
a55 大连机床通过合资控股的方式获取世界一流技术	aa56 高档数控机床和加工中心占出口总额的一半(a60)	
a56 大连机床定期培训技术人员去国外企业学习	aa57 覆盖南北美、欧洲和亚洲市场的出口销售体系(a61)	A40 关键技术和基础共性技术等领域有所突破(aa43)
a57 大连机床以专机公司为主,并购后形成自主产权	aa58 DMTG 商标获得同业认可,并跻身世界八强(a62)	A41 变传统一维单一方向服务理念为三平一云服务体系(aa44)
a58 形成博士后、博士,工程技术人员,中试基地组成的创新体系	aa59 数控系统的控制器、驱动器等组建的完全自主知识产权(a63)	A42 进行潜在需求分析(aa45)
a59 通过国际化战略,大连机床在品牌、技术、市场和人才等方面为企业可持续发展储备了强大的发展动力	aa60 抓住了改革开放的机遇(a64)	A43 DMTGa 智能数控系统实现从数控机床向智能机床的飞跃(aa46)
a60 大连机床高档数控机床和加工中心占出口总额的一半	aa61 加快消化吸收,实行二次集合创新,提高自主创新能力(a65)	A44 精密机床系列产品投入使用(aa47)
a61 大连机床初步形成覆盖南北美、欧洲和亚洲市场的出口销售体系	aa62 创新产学研方式与华中科技大形成利益纽带,共建大连高金数控技术有限公司,并承担集团成套数控系统和关键功能部件的制造(a66)	A45 成立"航天制造装备产业技术创新联盟""高档数控机床与基础制造装备"科技重大专项(aa48)
a62 DMTG 商标获得同业认可,并跻身世界八强		
a63 大连机床拥有数控机床的数控系统的控制器、驱动器等组建的完全自主知识产权	aa63 华中科技大直接注入了系统核心技术和成套的设计生产方案,并派出技术骨干长期任职于大连高金数控公司(a67)	A46 集科研与制造为一体(aa50)
a64 大连机床集团抓住了改革开放的机遇	aa64 自主品牌——大连 31t/m、32T/M、28T、3000M 数控系统装置,DJCM 数字交流伺服驱动等系列数控产品(a68)	A47 技术人员定期去国外培训学习(aa52)
a65 加快消化吸收,实行二次集合创新,提高自主创新能力	aa65 大连机床能生产中国数控机床功能部件最高水平的大功率电主轴、高精高速始终保持温度不变的中空丝杠、自动换刀的刀库、刀塔以及复合转台,且有自主知识产权(a69)	A48 国际化战略获得了品牌、技术、市场和人才(aa55)
a66 大连机床创新产学研方式,与华中科技大形成利益纽带,共建大连高金数控技术有限公司,并承担集团成套数控系统和关键功能部件的制造		
a67 华中科技大直接注入了系统核心技术和成套的设计生产方案,并派出技术骨干长期任职于大连高金数控公司	aa66 自己生产与采购价格相比,一般可节省 50%~80%(a70)	
a68 大连机床集团自主品牌——大连 31t/m、32T/M、28T、3000M 数控系统装置,DJCM 数字交流伺服驱动等系列数控产品	aa67 数字技术改造传统产业已覆盖数控机床、数控系统和功能部件三大领域(a71)	
	aa68 产品链条宽,适应不同行业、领域的产品多,但实际运行压力非常大(a72)	

贴标签	概念化	范畴化
a69 代表着中国数控机床功能部件最高水平的大功率电主轴、高精高速始终保持温度不变的中空丝杠、自动换刀的刀库、刀塔以及复合转台等，现在都能生产，而且拥有完全自主知识产权 a70 自己生产与采购价格相比，一般可省 50%~80% a71 用数字技术改造传统产业，其产品已覆盖数控机床、数控系统和功能部件三大领域 a72 大连机床的产品链条宽，适应不同行业、领域的产品多，但实际运行压力非常大 a73 受国外经济形势影响，机床工具运行压力加大，形势不容乐观。行业增速放缓 a74 我国数控机床的关键基础材料、核心基础零部件（元器件）、先进基础工艺、产业技术基础等均与国外存在差距，具体表现为机床的精度不稳定、保持性差 a75 高档数控机床和机器人被列入制造强国战略 a76 大连机床针对企业生产数控机床零件加工的瓶颈环节专门设计制造自制设备，且设备工艺参数合理 a77 大连机床的未来数控机床制造，广泛应用数字化制造技术，内涵三层以设计为中心的数字化制造技术、以控制为中心的数字化制造技术和以管理为中心的数字化制造技术 a78 智能装备领域人力资本管理是制约轻工装备制造业发展的瓶颈。 a79 实施开放战略，与跨国公司与国际学术机构联合设立研究中心，搭建创新平台 a80 大连机床采用科技孵化方式创新 a81 为国家重点行业、重点领域提供大量的关键核心设备，企业自主创新能力和高端产品研制水平得到了极大地提升 a82 完整的技术创新体系和不断升级的管理体系，打造精品工程，提升产品档次 a83 瞄准市场未来，引导着用户消费，变销售为租赁，寻找市场突破口 a84 东莞市政府与大连机床联手组建了"大连机床智能化孵化基地"和"大连机床智能化制造基地" a85 大连机床进军西南市场，在重庆潼南区的厂房投入使用 a86 大连机床通过技术创新逐步替代国外技术。取代国外供应商提供专业手机生产机床 a87 大连机床把科技创新用于实践 a88 大连机床稳健布局市场，先后在珠三角、长三角兴建孵化基地，与大连机床总部形成一鼎三足之势 a89 以租借机器的方式实现共赢 a90 大连机床在海外 26 个国家设立售后服务中心和销售服务中心，采用前店后厂模式，提升了竞争力。 a91 大连机床将机器人制定为下一步创新研发的重点	aa69 受国外经济形势影响行业增速放缓（a73） aa70 数控机床的关键基础材料、核心基础零部件（元器件）、先进基础工艺、产业技术基础等均与国外存在差距在于精度不稳定、保持性差（a74） aa71 高档数控机床和机器人被列入制造强国战略（a75） aa72 针对生产数控机床零件加工的瓶颈环节专门设计制造自制设备，且设备工艺参数合理（a76） aa73 未来数控机床制造内涵有三层即以设计为中心的数字化制造技术、以控制为中心的数字化制造技术和以管理为中心的数字化制造技术（a77） aa74 智能装备领域人力资本管理是制约轻工装备制造业发展的瓶颈（a78） aa75 采用科技孵化方式创新（a80） aa76 为国家重点行业、重点领域提供大量的关键核心设备（a81） aa77 打造精品工程，提升产品档次（a82） aa78 瞄准市场未来，引导用户消费，变销售为租赁，寻找市场突破口（a83） aa79 与东莞市政府联手组建了"大连机床智能化孵化基地"和"大连机床智能化制造基地"（a84） aa80 进军西南市场，在重庆潼南区的厂房投入使用（a85） aa81 通过技术创新逐步替代国外技术。取代国外供应商提供专业手机生产机床（a86） aa82 把科技创新用于实践（a87） aa83 稳健布局市场，先后在珠三角、长三角兴建孵化基地，与大连机床总部形成一鼎三足之势（a88） aa84 以租借机器的方式实现共赢（a89） aa85 在海外 26 个国家设立售后服务中心和销售服务中心，采用前店后厂模式，提升了竞争力（a90） aa86 为机器人制定为下一步创新研发的重点（a91） aa87 在智能制造的大背景下产品精度在国家标准之上提升 30%，成为全国机床行业排名第一（a92） aa88 创建了一个适合企业发展需要的经营理念体系（a93） aa89 通过核心理念和企业文化塑造使人人具有实现目标的使命感（a94）	A49 高档数控机床和加工中心占出口总额的一半（aa56） A50 覆盖南北美、欧洲和亚洲市场的出口销售体系（aa57） A51DMTG 商标获得同业认可，并跻身世界八强（aa58/aa108） A52 数控系统的控制器、驱动器等组建的完全自主知识产权和自主品牌，部分型号达到中国最高标准（aa59/aa64/aa65） A53 抓住了改革开放的机遇（aa60） A54 创新产学研方式与高校形成利益纽带，共建有限公司（aa62/aa63/aa99/aa107） A55 自己生产与采购价格相比，一般可节省50%~80%（aa66） A56 用数字技术改造传统产业（aa67） A57 产品链条宽，适应不同行业、领域的产品多，但实际运行压力非常大（aa68） A58 受国外经济形势影响行业增速放缓（aa69） A59 为瓶颈环节专门设计制造自制设备，且设备工艺参数合理（aa72） A60 确定未来数控机床制造内涵与重点（aa73/aa86/aa95） A61 采用科技孵化方式创新（aa75） A62 布局全国和世界的销售渠道（aa79/aa80/aa83/aa85） A64 以租借机器的方式实现共赢（aa84）

贴标签	概念化	范畴化
a92 大连机床在智能制造的大背景下产品精度在国家标准之上提升 30%，成为全国机床行业排名第一	aa90 建立学习型组织，构建多形式、多层次、开放型、立体化的终身教育体系(a95)	A65 创建了一个适合企业发展需要的经营理念体系(aa88/aa89/aa92)
a93 大连机床创建了一个适合企业发展需要的经营理念体系	aa91 将企业文化融于制度建设(a96)	A66 建立学习型组织，构建多形式、多层次、开放型、立体化的终身教育体系(aa90)
a94 大连机床通过核心理念和企业文化塑造使人人具有实现目标的使命感	aa92 注重产品和厂区的视觉文化建设(a97)	A67 将企业文化融于制度建设(aa91)
a95 建立学习型组织，构建多形式、多层次、开放型、立体化的终身教育体系	aa93 每年投入研发资金 5 亿元左右(a98	A68 制造模式、商业模式和技术方面进行全方位创新(aa94)
a96 大连机床集团建设企业文化就是将企业文化的精神理念融于制度之中	aa94 在制造模式、商业模式和技术方面进行全方位创新(a100)	A69 国内数控机床的关键功能部件制约机床产业发展(aa96)
a97 大连机床注重产品和厂区的视觉文化建设	aa95 目标是要成为领跑互联网时代的制造专家(a101)	A70 依托下属各专业化公司进入了数控机床功能部件领域(aa97/aa103)
a98 大连机床每年投入研发资金 5 亿元左右，使产品具有自主知识产权	aa96 国内数控机床的关键功能部件制约机床产业发展(a102)	A71 国家级数控功能部件产业化基地(aa98)
a99 在关键技术和基础共性技术等领域，突破了一批制约我国数控机床产业发展的核心技术，形成一批在国际市场上具有竞争力的高端产品	aa97 依托下属各专业化公司进入了数控机床功能部件领域(a103)	A72 三步走强企战略(aa100)
a100 大连机床在制造模式、商业模式和技术方面进行全方位创新	aa98 国家级数控功能部件产业化基地(a104)	A73 核心技术必须拥有自主知识产权(aa102)
a101 大连机床的目标是要成为领跑互联网时代的制造专家	aa99 与国内国外名校合作实现技术创新和优势互补(a105)	A74 组合机床及自动线、柔性制造系统产品产销量全国第一，市场占有率 30% 以上(aa105)
a102 数控机床的关键功能部件制约机床产业发展	aa100 三步走强企战略:以我为主，技术输入，产品输出;为我所用，二次开发;形成高起点的自主知识产权产品(a107)	A75 花费 70 多亿资金优化工艺流程和工艺装备，实现智能化、柔性化和规模化生产(aa106)
a103 大连机床依托下属各专业化公司进入了数控机床功能部件领域	aa101 引进—消化—吸收—再创新使集团具有自主知识产权(a108)	
a104 大连机床成为国家级数控功能部件产业化基地	aa102 自主知识产权的核心技术 124 项(a109)	
a105 大连机床与国内国外名校合作实现技术创新和优势互补	aa103 开发五轴联动机床有 2 个关键核心部件技术难度最大，一个是双摆角万能加工头;一个是双轴回转台。目前国内厂商开发出来，有待进一步完善和商品化(a110	
a106 大连机床通过与国外企业合资共建零部件工厂，实现吸收先进工艺和技术，消化并吸收的目的，提升技术创新能力	aa104 德国 CYTEC 公司拥有技术实力(a111)	
a107 大连机床的三步走强企战略:以我为主，技术输入，产品输出;为我所用，二次开发;形成高起点的自主知识产权产品	aa105 组合机床及自动线、柔性制造系统产品产销量全国第一，市场占有率 30% 以上(a112)	
a108 引进—消化—吸收—再创新使集团具有自主知识产权	aa106 花费 70 多亿资金优化工艺流程和工艺装备，实现智能化、柔性化和规模化生产(a113)	
a109 拥有组合机床及集成制造系统、高速加工中心及柔性单元等自主知识产权的核心技术 124 项	aa107 大连机床侧重于应用型研发，走的是产学研合作的路子(a115)	
a110 开发五轴联动机床有 2 个关键核心部件技术难度最大，一个是双摆角万能加工头;一个是双轴回转台。目前国内厂商开发出来，有待进一步完善和商品化	aa108 开发出 DMTG 数控系统，摆脱对国外巨头的模仿，实现个性化和自主升级服务(a116)	
a111 德国 CYTEC 公司拥有技术实力	aa109 吸收 100 多家中小机床企业建立产业联盟(a117)	
a112 大连机床的组合机床及自动线、柔性制造系统产品产销量全国第一，市场占有率 30% 以上		
a113 企业花费 70 多亿资金优化工艺流程和工艺装备，实现智能化、柔性化和规模化生产		
a114 国家颁布系列政策促进机床产业发展		

贴标签	概念化	范畴化
a115 大连机床侧重于应用型研发,走的是产学研合作的路子		
a116 开发出 DMTG 数控系统,摆脱对国外巨头的模仿,实现个性化和自主升级服务		
a117 吸收 100 多家中小机床企业建立产业联盟,发挥大连机床研发和制造优势,利用中小企业市场渗透和在地服务优势,为中小企业提供贴牌制造		

附表 2　概念化和范畴化过程

贴标签	概念化	范畴化
a1 高层领导人认可和信赖高铁技术	aa1 国家领导人认可和信赖高铁技术(a1)	A1 国家领导人信赖高铁技术(aa1)
a2 组织和管理不善导致高铁事故	aa2 组织和管理不善导致高铁事故(a2)	A2 组织和管理不善导致高铁事故(aa2)
a3 核心能力是买不来的	aa3 核心能力买不来(a3)	A3 核心能力买不来(aa3)
a4 外企替代不了中国企业和中国工业	aa4 中国政府和中国工业对技术的主导权不可替代(a4/a5/a91)	A4 国家对技术主导权(aa4)
a5 中国政府和中国工业对技术的主导权不可替代	aa5 高铁技术源于引进、吸收再创新(a6/a7/a26)	A5 引进、吸收再创新(aa5)
a6 原铁道部认为中国高铁技术来源于引进消化、吸收再创新	aa6 自主研制获得高铁技术(a8/a9)	A6 自主研制(aa6/aa36/aa62/aa78)
a7 200~250 公里高速列车制造技术通过引进消化再创新获得	aa7 高铁技术的另一来源是既有的技术积累和技术能力基础(a10/a11/a27)	A7 技术积累和技术能力基础(aa7)
a8 300~350 公里高速列车通过自主研制获得	aa8 买来的只是生产技术 / 能力不是设计能力(a12/a18)	A8 设计能力买不来(aa8)
a9 350 公里 CRH380 高速动车组自主研制获得	aa9 中外合资企业生产的列车无技术转让费(a13)	A9 中外合资可无技术转让费(aa9)
a10 中国高铁技术引进三个台阶不是来自对引进技术的改进	aa10 整车及配套牵引、制动系统和部件的技术转让费高昂(a14/a15/a16/a17)	A10 技术转让费高昂(aa10)
a11 已经掌握的核心技术和积累的技术能力基础是高铁技术的另一来源	aa11 技术引进只知道结果,不知道过程(a19/a20)	A11 技术引进来只知是什么,不知道为什么(aa11)
a12 买来的技术只是生产技术不是设计能力	aa12 技术能力包括产品开发能力和技术积累(a21/a24/a25)	A12 技术能力包括产品开发能力和技术积累(aa12)
a13 CRH-1 加拿大庞巴迪公司列车,因由中国合资企业生产,无技术转让费	aa13 技术开发能力买不来(a22/a70)	A13 技术开发能力买不来(aa13)
a14 CRH-2 日本川崎重工的新干线,四方受让,技术转让费 6 亿元人民币	aa14 技术竞争力源于技术创新(a23)	A14 技术竞争力源于技术创新(aa14)
a15 长客受让 CRH-5 法国阿尔斯通列车,技术转让费 9 亿元人民币	aa15 高铁技术能力先于技术引进而存在(a28)	A15 铁路装备工业先有技术能力基础,再有技术引进(aa15)
a16 长客受让德国西门子 CRH-3 列车,技术转让费 8 亿元人民币	aa16 技术能力通过引进消化而成长(a29)	A16 引进消化促进技术能力增长(aa16)
a17 还转让配套牵引、制动等系统和部件	aa17 购进的高铁整车需要针对中国实际进行适应性改进(a30/a31/a32/a33/a111)	
a18 能转让的只是生产能力	aa18CRH2C 的主要核心系统已全部国产化(a34/a35/a36)	
a19 中方受让技术时只是知道了设计结果,没有设计步骤(过程),只知道生产工艺,不知道为什么	aa19CRH380A 是中方全新设计的(a37/a47/a48/a49)	
a20 日方只教读图,只教执行机构作用和图上每个细节的作用,仅此而已		
a21 技术能力包括产品开发能力和技术积累		
a22 技术开发能力不可交易		
a23 技术竞争力源于技术创新		
a24 技术能力是掌握技术和技术变化的能力		
a25 技术能力只能是组织内生,不能购买		

贴标签	概念化	范畴化
a26 高铁技术来源于原始技术引进	aa20 国家创新战略导向驱使企业内生技术能力发挥作用（a38/a41）	A17 引进车型的适应性改进（aa17/aa67/aa68/aa69/a110）
a27 高铁技术也来源于自身的技术能力		
a28 中国高铁技术能力先于技术引进存在	aa21 铁路装备工业技术能力基础促进高铁技术能力形成（a39/a40/a52/a141）	A18 CRH2C 核心系统国产化（aa18）
a29 中国高铁技术能力通过技术的引进消化吸收得到成长		
a30 CRH2A 联合设计内容是针对中国线路的适应性改进	aa22 高铁是建设创新型国家的需要（a42）	A19 CRH380A 是自主设计的（aa19/aa95/aa97/aa98）
a31 CRH2A 适应性改进包括转向架部分、内车距、踏面形式、弓网受流	aa23 政府两部委发布高铁自主创新行动计划（a43/a44/a45/a46）	A20 国家创新战略导向驱动内生技术能力（aa20）
a32 CRH2B 加装了半主动减震器、车端耦合减振（车端阻尼器）、头车两侧车灯，进行了安全型和适应性改造，也改进了空调的通风系统	aa24 技术引进的示范效应促进技术能力成长（a50）	A21 铁路装备工业技术能力基础促进高铁技术能力形成（aa21）
	aa25 技术能力的成长依靠国家的支持和自主创新（a51）	
a33 CRH2C I 是在 CRH2A 平台上专门开发的 300 公里动车。动力配置由 4 节增加到 6 节，牵引功率提升，速度安全性评估、舒适度评估	aa26 引进技术与自主创新的关系（a53/a60/a61）	A22 高铁是建设创新型国家需要（aa22）
a33 中车体和内装适应性改造	aa27 两部委的联合计划是自主创新的实施机制（a54）	A23 政府发布高铁自主创新行动计划（aa23/aa27/aa47）
a34 CRH2C（I/II）使用的牵引逆变器、辅助牵引变流器、通风系统、列车信息系统已全部国产化	aa28 直接引进国外技术会破坏国内的技术能力基础（a55/a58/a131）	
a35 车的核心系统包括牵引系统、制动系统、转向架、内装、车头型、断面等	aa29 没有产品开发平台的技术引进只会破坏和削弱技术能力（a56）	A24 技术引进示范效应促进技术能力成长（aa24）
a36 车的核心系统实现国产化自主知识产权	aa30 拥有技术能力基础和相应开发平台是技术引进的前提（a57/a58/a59）	A25 国家支持和自主创新驱动技术能力增长（aa25）
a36 CRH380A 时速 350 公里		
a37 四方、株洲所联合全新设计。网络拓扑和功率等级上全新设计	aa31 外资方将本国生产习惯与中国的制造系统进行重组（a62）	A26 技术能力基础和产品平台是技术引进前提（aa28/aa29/aa30）
a38 国家创新战略导向驱使高铁内生技术能力的核心来源发挥作用	aa32 技术重组使产品更可靠（a63）	
	aa33 传统观念和组织习惯阻碍技术人员建立高效制造体系（a64）	A27 外资企业重组中国人的生产习惯和制造系统（aa31）
a39 高铁技术的取得不是由政策设计而是几种力量塑造的		
a40 中国铁路装备工业技术能力基础促进技术能力形成，易被忽视	aa34 大规模技术引进的好处（a65/a66/a67/a68/a72）	A28 自主创新前技术重组更可靠（aa32）
a41 技术能力发挥得到国家创新战略、两部委联合行动计划干预和高铁建设应用机会的条件	aa35 制造体系质量提升是自主创新的保障（a69）	A29 传统观念和组织习惯阻碍建立高效制造体系（aa33）
a42 建设创新型国家	aa36 运用中方自己的知识和技能创新出不同于引进方案的技术才能获得知识产权，才算拥有核心技术（a71）	
a43 两部委发布中国高速列车自主创新联合行动计划		A30 大规模技术引进有好处（aa34）
a44 计划的目标是建立和完善自主知识产权，时速 350 公里及以上，国际竞争力强的高铁技术体系	aa37 吸收经验增长了能力，并促进进一步的自主开发（a73）	A31 制造体系质量提升是自主创新的保障（aa35）
a45 联合行动计划的 6 原则通过		
a46 中央政府对原铁道部主导的高铁技术发展进行重大干预	aa38 拥有自主知识产权就不用再缴纳技术使用费（a74）	A32 吸收经验有助于技术能力增长（aa37）
a47 CRH380 系列是高铁技术发展的里程碑和新方向	aa39 建立研发中心和国家实验室（a75/a76）	A33 拥有自主知识产权（aa38）
a48 整车自主知识产权激发企业正向开发技术	aa40 企业高额投入购买全套试验设备（a77/a78）	
a49 CRH380A 是在充分利用已有技术能力基础上自主研发自主掌握的技术		A34 研发中心和国家实验室（aa39/aa46/aa48）
a50 技术引进的示范效应触发了中国技术能力成长	aa41 协同和系统性的研究储备了经验，积累了能力（a79）	
a51 技术能力的成长依靠自主创新和举国的支持	aa42 企业建立正式开发流程（a80）	
a52 中国铁路装备工业基础促进自主开发的成功		

贴标签	概念化	范畴化
a53 引进技术只有在作为自主创新工作对象的情况下才发挥作用，引进技术替代自主创新时则毫无效果	aa43 依赖信息基础，通过试验掌握技术（a81）	A35 购买全套试验设备（aa40）
a54 联合计划是自主创新的实施机制	aa44 计划体制限制创新（a82/a127）	A36 协调和系统性研究（aa41）
a55 将外国技术作为产品直接引进会破坏中国工业的技术能力	aa45 国家科技计划对关键领域技术进行战略布局（a83）	A37 建立正式开发流程（aa42）
a56 没有产品开发平台的技术引进只会破坏和削弱技术能力	aa46 大量研发人员加入研究团队（a84）	A38 依赖信息基础（aa43）
a57 铁路装备工业的较强技术能力基础和可提供产品的产品开发平台是引进技术却没有被削弱的前提保障	aa47 两部联合行动计划使高铁技术研发成为国家创新体系的一部分（a85）	A39 计划体制限制创新（aa44）
a58 铁道装备工业的研发系统或技术能力基础没有被全盘引进破坏	aa48 企业与大学和科研机构共同做项目（a86）	A40 国家科技计划对关键领域技术进行布局（aa45）
a59 引进的技术是在既有的产品开发平台框架内发挥作用	aa49 高铁技术引进只是一般性技术贸易，不是市场换技术（a87）	A41 高铁技术引进不是市场换技术（aa49）
a60 引进技术与既有技术能力基础互动发挥作用	aa50 市场换技术的两个要素是允许外资在华设厂和允许外资在华销售其产品（a88）	A42 市场换技术的两个要素是允许外资在华设厂和允许外资在华销售其产品（aa50）
a61 早期大规模技术引进起到打造现代化制造体系和积累完整产品经验的作用	aa51 中国铁道工业不允许与外资合作，更不允许直接在华销售其产品（a89）	A43 中国铁道工业不允许直接在华销售产品（aa51）
a62 技术引进使得外方按照本国生产习惯和引进国车型的要求对中方的制造体系进行大规模的重组	aa52 外国企业希望中国是其产品销售地（a90）	A44 外国企业希望中国是产品销售地（aa52）
a63 重组是为了保障生产效率和产品可靠性	aa53 外国企业没有机会对中国铁路工业塑造消费观念和习惯（a91）	A45 外国企业无法塑造中国铁路工业的消费观念和习惯（aa53）
a64 传统观念和组织习惯阻碍技术人员建立高效制造体系	aa54 外国企业通过塑造消费观念以形成消费者压力（a93）	A46 被塑造消费观念将形成消费者压力（aa54）
a65 大规模引进可以扫除障碍使领导到员工被动接受改造	aa55 中国高铁产业没有外国资本所有权介入，外国企业无法控制中国企业学习过程（a94）	A47 没有外国资本所有权介入（aa55）
a66 通过引进学到了先进的管理理念和方法	aa56 外方只向中方出售技术，无法对技术使用者施加影响和决策（a95）	A48 外资技术方无法影响中方使用者（aa56）
a67 原来掌握核心技术，却不能大批量制造	aa57 关乎国家主权的大型复杂性技术装备系统，市场不能对外开放（a96）	A49 复杂性技术装备系统不能对外开放（aa57）
a68 通过引进，建立起质量能保证、技术可控的制造体系	aa58 中国高铁建设的规模和速度世界领先（a97/a98）	A50 高铁速度和规模世界领先（aa58）
a69 制造能力和水平的提升属于制造体系质量提升，它是自主创新的可靠保证	aa59 应用是保持技术持续创新和获取经济回报的唯一途径（a99）	A51 技术应用是保持持续创新和获取回报的（aa59/aa60）
a70 技术能力无法购买，外来产品设计知识产权不属于我方	aa60 应用为技术改进提供帮助（a100）	A52 技术进步是持续改进和积累创新的基础（aa61）
a71 运用我方知识和技能创新出不同于引进方案的技术才能获得知识产权，才算拥有核心技术	aa61 工业技术进步应该是持续改进和积累创新经验和基础（a101）	A53 列车系统技术性能决定了创新技术参数和边界（aa63）
a72 技术引进有利于对外来完整工作对象的理解，并节省探索未知因素的时间，积累了经验	aa62 中国高铁必须依靠自主创新（a102/a105）	
a73 吸收经验增长了能力，并促进进一步的自主开发	aa63 高铁列车系统技术性能决定了创新技术参数和边界（a103/a104）	
a74 四方去日本化的开发目的在于完全拥有自主知识产权，而不再缴纳技术使用费	aa64 中国特色的需要是高铁技术创新的压力和动力（a106/a132）	
a75 重组研发组织，变设计科、处为研发中心和国家实验室，扩大研发学科专业背景范围	aa65 中国特色的高铁建设需要是运营时间长，解决运力不足，可靠性高（a107/a108/a109）	
a76 四方和长客都建立了大规模实验室和国家级工程实验室		
a77 企业投入数亿元建立全套试验设备		
a78 四方有世界上最快的滚动试验台		
a79 协同和系统性的研究储备了经验，积累了能力		
a80 建立了正式的开发流程		
a81 基于信息基础掌握技术，每个环节依赖试验数据，导致数据爆炸性增加		

贴标签	概念化	范畴化
a82 计划体制,狭窄的科研和供应体系限制创新 a83 通过国家科技计划对关键领域的关键技术和装备的研发布局 a84 国家级实验室、工程研究中心和大学、科研院所的院士、知名教授和技术人员加入研发团队 a85 两部联合行动计划使高铁技术研发成为国家创新体系的一部分,首创举国体制 a86 企业通过项目直接与科研机构、大学和其他行业合作 a87 高铁是大规模的一般技术贸易,绝非市场换技术 a88 以市场换技术的两个要素是允许外资在华设厂和允许外资在华直接销售其品牌产品 a89 除与庞巴迪合资外,中国铁路装备工业从未与外国企业合资,更不允许外国企业直接销售外国品牌产品 a90 外国企业迫切希望将中国企业建成其产品在中国的制造基地 a91 中国铁路市场的控制权在中国政府手中 a92 铁路装备工业使外国企业没有机会去直接塑造中国消费者的习惯和观念 a93 外国企业通常去直接塑造中国消费者的习惯和观念从而对中国企业产生来自消费者的压力 a94 中国高铁产业没有外国资本所有权的介入,外国企业不能控制中国企业的学习过程 a95 外国企业只能向中国企业出售技术和产品无法影响和决策技术使用者 a96 关乎国家主权的大型复杂技术系统的装备工业,其性质和国家体制决定了市场不能对外开放 a97 中国高铁建设的规模和速度是世界领先的 a98 大规模高铁建设为中国高铁技术的发展提供了世界上独一无二的应用机会 a99 应用是技术研发和创新获得经济回报的唯一途径,得不到应用的技术研发不可持续 a100 应用为技术改进和创新提供了问题的来源和解决问题的压力 a101 工业技术进步的主要内容不是发明过去不存在的新产品,而是对已有产品的持续改进,和积累创新的经验和基础 a102 中国高铁崛起的必然因素是坚持自主创新 a103 高速列车系统的技术性能指标包括线路、电网、信号等 a104 高铁系统决定了高速列车创新的参数和边界 a105 时速 350 公里的高速列车建设定位决定了引进的外国车型必须换代并自主创新 a106 中国高铁技术创新的压力和动力是中国特色的需要 a107 中国高铁建设目标不同于国外的是用来解决大面积需求运力不足	aa66 长时间运营对转向架、牵引系统和材料提出更高要求(a110) aa67 对引进车型进行适应性改造接近于从头开发(a112) aa68 适应性改造是通过不断试验进行的试错改造(a113) aa69 适应性改造使中方获得从不掌握的整车自主开发经验(a114) aa70 我国没有完全自主的信号系统,只是集成(a115) aa71 导致中国没有自主信号系统的原因是安全责任等级高(a116/a162) aa72 中国缺乏包容失误的宽松的环境(a117/a118/a119/a124/a161) aa73 应在严格的科技创新流程管理体系下,鼓励创新包容失败(a120/a121) aa74 要有机会、环境和真实测试才能实现信号系统自主。(a122) aa75 制动系统创新要遵循科学规律,遵循时间和机会(a123) aa76 安全第一是基础和底线(a124/a125) aa77 企业更关注经济效益(a128/a129) aa78 自主开发获得更多整车实验数据(a130) aa79 国外竞争对手很紧张中国高铁对技术进行的改造(a133) aa80 中国的新技术来源于解决既有技术应用中出现的问题(a134) aa81 实验中心,工程师解决发现的故障(a135/a136/a137/a138) aa82 故障的解决方案变成企业发明专利(a139) aa83 技术进步的情境在改变企业的习惯和观念(a140) aa84 总设计师拥有主持大型动车设计的经历(a142/a145/a146) aa85 中方曾经为了引进外国产品而放弃自己开发的产品(a143) aa86 设计师在最困难的关头被临危受命(a144) aa87 设计师没有接受过国外的技术培训(a145) aa88 设计师拥有对产品引进后消化吸收再创新的能力,具有产品开发能力(a146/a147/a148)	A54 特色需求驱动创新(aa64) A55 需要运营时间长、可靠性高的高铁(aa65) A56 对牵引系统、转向架和车体材料有高要求(aa66) A57 不掌握信号系统核心技术(aa70) A58 安全等级要求高的系统不掌握核心技术(aa71) A59 缺乏包容失误的宽松环境(aa72) A60 严格的科技创新流程管理体系(aa73) A61 机会、环境和真实测试有助于实现信号系统自主(aa74) A62 制动系统创新应遵循科学规律(aa75) A63 安全第一是基础和底线(aa76) A64 企业关注经济效益(aa77) A65 国外竞争对手紧张中国的技术研发(aa79) A66 创新来源于要解决的问题(aa80) A67 实验中心中的工程师解决故障(aa81) A68 企业发明专利(aa82) A69 技术进步情境改变习惯和观念(aa83) A70 总设计师经验丰富(aa84) A71 设计师的国家责任感(aa86) A72 设计师没有接受过国外技术培训(aa87) A73 设计师的能力体系和素质(aa88/aa89/aa90/aa91/aa93) A74 试错试验发现技术原理(aa92)

贴标签	概念化	范畴化
a108 国外高铁需求优先，单程运营时间短	aa89 设计师都具有独立于引进过程的自主开发经验的能力（a149）	A75 引进技术容易导致依赖心理（aa94）
a109 中国高铁特色的长时间运营对列车工作可靠性要求更高	aa90 自主开发过程中设计师有不依赖别人的习惯（a150）	A76 中国有自主标准不能制造（aa96）
a110 长时间运营对列车各个关键环节尤其是转向架和牵引系统、材料结构提出更高要求	aa91 设计师要求不仅知道是什么，还要知道为什么（a151/a155）	A77 社会氛围和舆论环境抑制技术创新（aa99）
a111 中国线路的自然条件决定所有外国车型必须接受联合设计的适应性改造	aa92 通过试验知道为什么（a152）	A78 德国克诺尔集团唯一制造轨道交通制动系统（aa100）
a112 中国企业对引进车型进行的适应性改造更接近于从头开发所要求的技术过程	aa93 中国设计师以往习惯于只知道为什么（a153）	A79 制动系统技术安全等级责任高（aa101）
a113 适应性改造是通过不断试验进行的试错改造	aa94 技术引进容易导致依赖的心理和习惯（a154）	A80 长期使用落后设备阻碍技术进步（aa102）
a114 适应性改造使中国企业获得了原来不掌握的整车自主开发经验	aa95 CRH380 是中国人按照自己的全新技术标准设计，拥有全套图纸（a156）	A81 高铁技术创新受到市场和政策推动（aa103）
a115 我国没有完全自主的信号系统，只是将国外产品集成进我们自己系统	aa96 外国公司按照中国自主标准制造产品（a157）	A82 市场需求巨大（aa104）
a116 信号系统中国没有自主技术的原因是安全责任等级高	aa97 CRH380 的转向架达到欧洲标准，并经过全球最权威实验中心检测（a158）	A83 铁路装备工业核心竞争力受到国家长远战略和布局驱动影响（aa105）
a117 7•23 事故使信号系统科研队伍倍受打击	aa98 CRH380A 时速 350 公里动车下线，标志走出去战略迈出实质性步伐（a159）	A84 市场有序良性竞争受到国家政策和产业布局影响（aa106）
a118 美国航天飞机失事，反而被当英雄尊重和敬仰		
a119 我国更多要追责，不利于技术进步	aa99 社会氛围和舆论环境不利于技术创新和民族工业的发展（a160）	A85 技术测试试验容易被企业忽略（aa107）
a120 应在严格的科技创新流程管理体系下容忍失败，鼓励创新	aa100 世界上只有德国克诺尔集团制造轨道交通制动系统（a163）	A86 竞争招标（aa108）
a121 中国可以自己实现信号系统安全自主化	aa101 研发制动系统技术难度不及牵引系统，但安全责任等级更高（a164）	A87 已掌握部分关键性技术和配套技术（aa109）
a122 一定要有机会和环境，尤其是实际线路测试的机会	aa102 装备企业长期使用落后装备阻碍技术进步（a165）	A88 中国仍需进口外国企业的高技术部件（aa111/aa135）
a123 中国制动系统的国产化需要机会和时间，以及尊重科学技术发展的自然规律	aa103 中国高铁得到市场推动和政策支持才能进入世界前列（a166）	A89 中国国产化率低（aa112）
a124 社会习惯追究干事人的责任，社会环境造就中国人创新少	aa104 世界轨道交通市场的巨大需求（a167/a171）	A90 大量一流科研人员持续坚持（aa114）
a125 研制车辆，安全性第一，也是基本底线	aa105 国家需要从长远战略和布局的角度决定铁路装备制造能力的国际竞争力培育（a168）	A91 无知识产权纠纷（aa115）
a126 速度只是综合技术指标的一个表征值，不是追求的目标	aa106 国家政策和产业布局层面需要调控轨道交通市场的有序良性竞争（a169）	A92 部分实现国产化（aa116）
a127 铁路管理体制还没有实现体制机制的科学畅通		
a128 公司性质的企业将更关注经济效益	aa107 公司在追求利益最大化时对不产生经济效益的试验易忽略（a170）	A93 技术引进不能获得基础原理和算法（aa117）
a129 德国在用第二次世界大战时期生产机车，精打细算，最大化剩余价值	aa108 国际知名企业与中国企业共同竞争招标（a171）	
a130 中国企业通过自主开发掌握了起初不掌握整车实验数据	aa109 中国高铁已经掌握 9 项关键技术以及 10 项配套技术（a175/a181/a182/a183）	
a131 只有对引进的技术进行消化、吸收和再创新才能不破坏原有的工业技术能力基础		
a132 中国铁路线路的独有特点成为自主创新新技术的来源		
a133 西门子着急中国企业对 CRH380B 进行了什么技术改造以适应高寒地候条件		
a134 中国的新技术来自于解决现有技术应用中出现的新问题		
a135 实验中心里，工程师们对故障部件进行分析		
a136 找到故障部件原因		

贴标签	概念化	范畴化
a137 线路出故障对于企业来说是天大的事,急速解决问题,并最终找到根本	aa110 中国高铁与日本的使用相同的电动机,但编组方式不同,动力偏小,时速偏低(a176)	A94 铝合金车体、接触网和牵引供电系统已国产化(aa118/aa119)
a138 出现故障是好事	aa111 日方只提供整车的知识产权,高技术部件仍需进口(a177)	A95 运行控制系统、转向架和无咋轨道板具有自主知识产权(aa120/aa121/aa129)
a139 故障的解决方案成了企业的发明专利	aa112 外方合作伙伴获利多,中方国产化率低(a178/a179)	
a140 技术进步的情境在改变企业全员的观念和习惯	aa113 为了节省时间和资金,部分人主张国产化率替代自主(a180)	A96 自主知识产权与其他国家无知识产权纠纷(aa122)
a141 中国铁路装备工业的产品开发能力和技术积累促进高铁技术的形成	aa114 中国高速列车技术的研制是由大量的一流科研人员坚持奋斗(a184)	A96 拥有自主知识产权的不同技术参数体系(aa123)
a142 长客总设计师曾主持了两个动车型号的设计开发	aa115 中国铁路没有出现与外国公司的知识产权纠纷(a185)	A97 国产化率提升零部件进口替代机会(aa126)
a143 曾经为了引进外国产品而放弃自己开发的产品	aa116 中国可以实现国产化(a186)	A98 最核心的部件是牵引电传动系统和网络控制系统(aa127)
a144 在企业最困难的技术关头被临危受命	aa117 技术引进无法获得最基础、最关键的原理和算法等资料(a187)	
a145 四方的副总经理梁建英有丰富的产品开发与设计经验,不曾接受日方的培训	aa118 接触网和牵引供电系统是吸收意大利和德国技术后实现国产化的核心技术(a188)	A99 承担国家级重大课题(aa128)
a146 被受命作为 CRH380A 的总设计师	aa119 铝合金车体是用国产设计的世界首套铝挤压机制造的(a189)	A100 南车集团具有自主知识产权的关键系统及部件有:高速转向架、动车组总成、车钩、车体、受电弓、内装、网络控制、辅助供电系统、牵引系统、制动系统、空调系统、牵引变流器、牵引变压器、网络控制系统、牵引电机(aa130)
a147 两位女工程师都不是技术引进的产物	aa120 列车运行控制系统是由具有自主知识产权的中方企业研发(a190)	
a148 她们都是对技术引进后消化、吸收、再创新的典范,是产品开发能力的代表	aa121 转向架和无砟轨道板已拥有自主知识产权(a191)	
a149 总设计师都具有独立于引进过程的自主开发经验的能力	aa122 中国高铁的自主知识产权与其他国家不存在知识产权纠纷(a192)	
a150 在自主开发过程中技术人员有不依赖别人的习惯	aa123 自主研发出符合不同要求的技术参数体系(a193)	
a151 总设计师不仅要求工程师知道是什么,还要知道为什么,要那样设计	aa124 高铁采用无缝线路,设计者研发出新技术确保道床和钢轨不随温度突变(a194)	
a152 如果不知道为什么,那样设计就必须通过试验把原因验证出来	aa125 技术与时俱进(a195)	A101 半军事化管理和先进组织制度以及车辆维护体系是保障(aa131/aa132/aa133)
a153 中国很多设计师倾向只知道是什么不知为什么,纠正了很久	aa126 除了高速列车设备,高铁耗材外,随着国产化率提升带来的零部件进口替代机会增多(a196)	
a154 技术引进容易造成依赖的心理和习惯	aa127 高铁列车最核心的部件是牵引传动系统和网络控制系统(a197)	A102 全路统一标准的检修设施配置和统一的检修制度世界唯一(aa134)
a155 好的设计师必须养成问为什么的习惯		
a156 CRH380 是中国人按照自己的全新技术标准设计,拥有全套图纸	aa128 牵引电传动系统和网络控制系统的研制是原铁道部重大课题的一部分(a198)	A103 工业基础不牢(aa136)
a157 最初购买的是外国公司按照中国自主设计标准制造的产品	aa129 中国自主化核心部件牵引电传动系统和网络控制系统(a199)	A104 启动标准动车组项目(aa138)
a158 CRH380 的转向架达到欧洲标准,并经过全球最权威实验中心检测		A105 防冻胀技术是原创技术,世界领先(aa139)
a159 CRH380A 时速 350 公里动车下线,标志走出去战略迈出实质性步伐		
a160 社会氛围和舆论环境不利于技术创新和民族工业的发展		
a161 高铁技术创新需要更多的宽容和耐心		
a162 高铁的制动系统和信号系统与国际水平有差距因为缺乏对科研投入安全责任的耐心与宽容		
a163 世界上只有德国克诺尔集团制造轨道交通制动系统		
a164 研发制动系统技术难度不及牵引系统,但安全责任等级更高		
a165 装备企业长期使用落后装备阻碍技术进步		
a166 中国高铁得到市场推动和政策支持才能进入世界前列		

贴标签	概念化	范畴化
a167 世界轨道交通市场的巨大需求还没有真正开发	aa130 南车集团具有自主知识产权的关键系统及部件有:高速转向架、动车组总成、车钩、车体、受电弓、内装、网络控制、辅助供电系统、牵引系统、制动系统、空调系统、牵引变流器、牵引变压器、网络控制系统、牵引电机(a201)	A106 高铁技术储备不足(aa140)
a168 国家需要从长远战略和布局的角度决定铁路装备制造能力的国际竞争力培育		A107 CRH380A 的安全稳定性高于欧盟,其最大脱轨系数为 0.34<0.8 的欧盟标准(aa141)
a169 国家政策和产业布局层面需要调控轨道交通市场的有序良性竞争	aa131 中国高铁日走行里程世界最大,对管理和组织是高强度考验(a202)	A108 系统集成、制造和运营管理能力上中国高铁世界领先(aa142)
a170 公司在追求利益最大化时对于不产生任何经济效益的技术实验安排应协调好	aa132 "动车医院、动车之家"是半军事化管理(a203)	A109 关键子系统、关键零部件和关键基础材料,中国还处于追赶学习状态(aa143)
a171 中国高速铁路市场存在巨大经济利益	aa133 建立起动车段—运用所—存车场三级维护体系(a204)	
a172 国际知名企业与国企组对参与中国铁路的招标	aa134 中国铁道具有世界唯一的全路统一标准的检修设施配置和统一的检修制度(a205)	A110 基础材料科学是薄弱环节(aa144)
a173 第一批技术引进德国西门子没有获得订单		A111 中国高铁三大核心技术是轨道、车辆和列车运行控制系统(aa145)
a174 西门子总结无单教训,最终获得订单	aa135 高铁的很多配件还是不能自主生产的。需要进口或合资公司制造(a206)	
a175 中国高铁已经掌握 9 项关键技术以及 10 项配套技术	aa136 中国的工业生产基础不牢,研发成本远高于进口(a207)	A112 完全自主掌握轨道交通 CTCS-3 级列车运行控制系统核心技术(aa146)
a176 中国与日本新干线 E2 使用相同的电动机,但编组方式不同,动力小,时速偏低	aa137 中国引进的高铁技术是比较尖端的(a208/a209)	
a177 日方提供中国国内制造整车所需设备的知识产权,但高技术部件仍要进口	aa138 因引进车型不同导致维护成本高,中国启动标准动车组项目(a211)	A113 打破国外对中国技术垄断,成为国际标准制定参与者(aa147)
a178 中外联合制造过程中,中方的国产化率低于 50%	aa139 我国高铁的防冻胀技术拥有原创技术,世界领先(a212)	A114 承担 973 国家项目(aa148)
a179 外国合作伙伴获利更多	aa140 我国当前的高铁技术是基于超大规模的博采众长而领先的,但是技术储备不足,不足以领先世界(a217)	A115 高铁时速增加是自主创新能力提升的表现(aa149/aa150)
a180 部分人认为为了节省时间和资金,可以利用国产化率替代自主化		
a181 通过消化吸收再创新掌握了动车组的九大关键技术	aa141 中国高铁 CRH380A 的安全稳定性高于欧盟,其最大脱轨系数为 0.34<0.8 的欧盟标准(a219)	A116 创新轨迹:整车进口、零部件进口、整机组装、技术消化、国产化、自主化(aa152)
a182 建立了时速 200~250 公里动车组平台和制造体系		
a183 自主研制时速 350 公里动车组并获得十大关键技术突破	aa142 在系统集成、制造和运营管理能力上中国高铁世界领先(a220)	
a184 中国高速列车技术的研制是由大量的一流科研人员坚持奋斗的结果	aa143 关键子系统、关键零部件和关键基础材料,中国还处于追赶学习状态(a221)	A117 铁道部国产化政策有利于制造能力的构建却无法构建设计能力(aa153/aa154)
a185 中国铁路没有出现与外国公司的知识产权纠纷		
a186 中国可以按外方图纸生产,使用外方提供的核心部件生产,即实现国产化	aa144 中国的基础材料科学是薄弱环节,应重视基础研究(a222)	A118 板式无砟轨道技术是核心技术之一并推广(aa155)
a187 技术引进无法获得最基础、最关键的原理和算法等资料	aa145 中国高铁三大核心技术是轨道、车辆和列车运行控制系统(a223)	
a188 接触网和牵引供电系统是吸收意大利和德国技术后实现国产化的核心技术	aa146 通过引进消化、自主创新,中国铁路通信信号集团公司完全自主掌握轨道交通 CTCS-3 级列车运行控制系统核心技术(a224/a225/a226/a228/a229)	A119 高铁走出去的障碍是知识产权和国际标准化(aa156)
a189 铝合金车体是用国产设计的世界首套铝挤压机制造的		
a190 列车运行控制系统是由具有自主知识产权的中方企业研发		
a191 250/350 转向架和无砟轨道板均已拥有自主知识产权		
a192 中国高铁的自主知识产权与其他国家不存在知识产权纠纷	aa147 中国通号打破国外对中国技术垄断,成为标准参与者(a227)	
a193 高铁技术研发出可满足不同类型线路建设运营需求的技术参数体系		
a194 高铁采用无缝线路,设计者研发出新技术确保道床和钢轨不随温度突变		

贴标签	概念化	范畴化
a195 未来结合最新的技术创新出适合高铁要求的新技术 a196 除了高速列车设备,高铁耗材外,随着国产化率提升带来的零部件进口替代机会增多 a197 高铁列车最核心的部件是牵引电传动系统和网络控制系统 a198 CRH5A 是由国产化向自主化转变的首列牵引电传动系统和网络控制系统 a199 CRH5A 型动车组牵引电传动系统和网络控制系统的研制是原铁道部重大课题的一部分 a200 中国自主化核心部件牵引电传动系统和网络控制系统正进行正线试验 a201 南车集团具有自主知识产权的关键系统及部件有:高速转向架、动车组总成、车钩、车体、受电弓、内装、网络控制、辅助供电系统、牵引系统、制动系统、空调系统、牵引变流器、牵引变压器、网络控制系统、牵引电机 a202 中国高铁日走行里程世界最大,对管理和组织是高强度考验 a203"动车医院、动车之家"是半军事化管理 a204 建立起动车段—运用所—存车场三级维护体系 a205 中国铁道具有世界唯一的全路统一标准的检修设施配置和统一的检修制度 a206 高铁的很多配件还是不能自主生产的。需要进口或合资公司制造 a207 中国的工业生产基础不牢,研发成本远高于进口 a208 中国引进的高铁技术在产品技术上是不落后的 a209 高新技术领域中国购买的是比较尖端的产品 a210 中国高铁的核心技术很多已经被自主研发成功,不再单纯照搬国外 a211 因引进车型不同导致维护成本高,中国启动标准动车组项目 a212 我国高铁的防冻胀技术拥有原创技术,世界领先 a213 我国标准动车组由南车和北车旗下的四方和长客各试制一列 a214 国家规定标准动车组必须具备完全自主知识产权,网络控制系统必须自主,关键系统部件也要完全自主 a215 铁路集团总公司将对两个公司生产的标准动车进行试验评估,吸收各自优点,确定我国未来的高铁平台 a216 高铁运行线路评价标准看,我国的线间距和最小曲线半径都优于日本和其他国家,从而可以保障速度快 a217 我国当前的高铁技术是基于超大规模的博采众长而领先的,但是技术储备不足,不足以领先世界 a218 高铁是一集线路、列车、信号系统和人的有机集合 a219 中国高铁 CRH380A 的安全稳定性高于欧盟,其最大脱轨系数为 0.34<0.8 的欧盟标准	aa148 承担 973 国家项目(a230) aa149 时速指标衡量高铁设备性能(a231) aa150 时速增加是系统性安全性的重新设计与创新(a232/a233) aa151 高铁自主创新三阶段(a234) aa152 创新轨迹:整车进口、零部件进口、整机组装、技术消化、国产化、自主化(a235) aa153 铁道部的国产化政策迫使国内制造商自主研发(a236/a237) aa154 国产化率构建了制造能力却不能缔造创新能力(a238) aa155 板式无砟轨道技术是核心技术之一并推广(a241/a240) aa156 高铁走出去的障碍是知识产权和国际标准化(a242/a243/a244/a245/a246) aa157 通过对标准的发言权争取标准制定权,从而实现科技领域领导权和贸易竞争主动权,争取更大的利益(a247) aa158 中国标准动车组强调安全可靠、自主研发知识产权、统型化、标准化、系列化、自主研发(a248) aa159《高速列车科技发展十二五专项规划》对高铁技术发展的战略指导(a249/a250) aa160 国家科技项目经费为牵引,行业部门和企业配套经费为主体(a251) aa161 基础理论研究、关键技术研究、集成技术与示范应用等研究都是事关高铁前途和命运(a252) aa162 外企在技术输出上既有顾虑,又觊觎中国巨大市场(a253) aa163 外国输出技术项目仍要与产品捆绑(a254) aa164 像 IGBT 等核心电子元器件中方在自主研发(a255) aa165 CRH380A 通过美国知识产权审查,无侵权行为(a256/a258) aa166 株洲电力机车研究有限公司实现 8 寸 IGBT 芯片国产化(a259) aa167 中国高铁原创技术在寒冷、砂害地区以及湿陷性黄土、岩溶发育等不良的地质条件下同样可以建立并进行安全运营(a260)	A120 通过对标准的发言权争取标准制定权,从而实现科技领域领导权和贸易竞争主动权,争取更大的利益(aa157) A121 中国标准动车组强调安全可靠、自主研发知识产权、统型化、标准化、系列化、自主研发(aa158) A122 国家政策指导高铁技术发展(aa159/aa171) A123 经费使用方案(aa160) A124 基础理论研究、关键技术研究、集成技术与示范应用等研究都是事关高铁前途和命运(aa161) A125 外资觊觎中国市场而有限的技术输出,采用与产品捆绑方式(aa162/163) A126 部分核心部件先国产化后自主研发(aa164/aa166/aa170) A127 CRH380A 通过美国知识产权审查,无侵权行为(aa165) A128 中国高铁原创核心技术(aa167) A129 走出去战略(aa168/aa172) A130 到 2015 年底,我国高速铁路运营里程达 1.9 万千米以上,居世界第一,占世界高铁总里程 50% 以上(aa169)

贴标签	概念化	范畴化
a220 在系统集成、制造和运营管理能力上中国高铁世界领先 a221 关键子系统、关键零部件和关键基础材料,中国还处于追赶学习状态 a222 中国的基础材料科学是薄弱环节,应重视基础研究 a223 中国高铁三大核心技术是轨道、车辆和列车运行控制系统 a224 中国铁路通信信号集团公司掌握核心技术,成为行业标准主要制定者 a225 中国通号是全球最大的轨道交通控制系统解决方案提供商 a226 通过引进消化和自主创新,中国通号掌握了完全自主知识产权的高铁 CTCS-3 级列车运行控制系统 a227 中国通号彻底打破国外跨国企业对中国技术的垄断 a228 中国通号自主研发的 CTCS-3 级列控系统能适应高温、高寒、高原等复杂环境 a229 CTCS-3 系统能够满足最高运行时速 350 公里,最短追踪间隔 3 分钟的运行需求,且安全高效 a230 三个国家级 973 项目分别是高铁安全服役、高性能滚动轴承和高铁基础力学 a231 用时速指标衡量高铁设备的技术性能 a232 更高的速度不是简单增加动力源,而是系统充分考虑安全性 a233 速度每提高一个等级需要在车辆、路基、桥梁、轨道等大量创新 a234 高铁自主创新三阶段:引进消化再创新;在轮轨动力学、气动力学控制、车体结构等关键技术上的 350 公里自主研制;在流线型头型、气密强度与气密性、振动模态等十大关键技术上的 380 公里研制 a235 引进轨迹:整机进口、零部件进口、整机组装、技术消化、国产化 a236 原铁道部为了提高国产化率采取压低国外部件采购价格减少进口的措施 a237 原铁道部国产化率政策迫使国内制造商成功完成技术研发 a238 国产化率构建了高铁产业链条的制造能力却不能缔造创新能力 a239 基础研究落后严重制约创新发展 a240 板式无咋轨道技术是中国高铁施工建设中的核心技术之一 a241 板式无咋轨道技术已得到推广和应用 a242 高铁出口的两大障碍是知识产权和国际标准化 a243 早期从 4 个国家技术引进导致执行各自不同标准 a244 标准不统一导致对培训、维护、维修、设备供应造成影响,成本高昂 a245 我国高铁产品及系统建设未能与国际标准相结合	aa168 南车在订单地址设厂,国际并购(a257) aa169 到 2015 年底,我国高速铁路运营里程达 1.9 万千米以上,居世界第一,占世界高铁总里程 50% 以上(a261) aa170 中铁电气化局和德国保富铁路公司、意大利布诺米公司三方合资生产高速铁路和客运专线接触网零配件(a262/a265) aa171 政府在技术引进和自主创新过程中的主导作用是成功的关键,政府对创新资源的配置和战略指引至关重要(a263) aa172 北车集团出口整车,还将出口牵引及网络控制系统等核心技术。这是中国首次向海外出口高铁核心技术(a266)	

贴标签	概念化	范畴化
a246 如果不遵守出口国家地区标准就无法出口		
a247 通过对标准的发言权争取标准制定权,从而实现科技领域领导权和贸易竞争主动权,争取更大的利益		
a248 中国标准动车组强调安全可靠、自主研发知识产权、统型化、标准化、系列化、自主研发		
a249《高速列车科技发展十二五专项规划》提升高铁发展的意义		
a250 高速列车科技形成一系列核心技术的设计体系和保障体系,从根本上保障我国高速列车技术持续发展并保持领先地位		
a251 将以国家科技项目经费为牵引,主要用于基础理论与关键技术的研究和验证;以行业部门和企业配套经费为主体,主要用于成果装置、设备、系统研制、运行试验及产业化能力建设		
a252 基础理论研究、关键技术研究、集成技术与示范应用等研究都是事关高铁前途和命运		
a253 日德企业一方面在技术输出上有很多顾忌,另一方面又希望获得中国这个巨大的市场		
a254 至今,国外输出的一些技术项目仍要和产品捆绑配套		
a255 像 IGBT 等核心电子元器件中方在自主研发		
a256 CRH380A 通过美国知识产权审查,无侵权行为		
a257 当地设厂和国际并购		
a258 动车组系统解决了高速状态下的结构可靠性、动力学性能、振动模态匹配、气动性能等关键技术		
a259 我国第一条、世界第二条 8 英寸 IGBT 芯片生产线在南车集团旗下的株洲电力机车研究有限公司正式投产		
a260 在寒冷、砂害地区以及湿陷性黄土、岩溶发育等不良的地质条件下同样可以建立并进行安全运营		
a261 到 2015 年底,我国高速铁路运营里程达 1.9 万千米以上,居世界第一,占世界高铁总里程 50% 以上		
a262 中铁电气化局和德国保富铁路公司、意大利布诺米公司三方代表在合资生产高速铁路和客运专线接触网零配件合同正式签字		
a263 政府在技术引进和自主创新过程中的主导作用是成功的关键,政府对创新资源的配置和战略指引至关重要		
a264 永济电机公司承担的我国大功率变流器国产化功率模块完成试验		
a265 永济电机公司已掌握大功率下 IGBT 的散热、高压隔离驱动与保护等核心技术,模块电压等级最高为 DC4400V,是目前世界上功率最大,应用期间 IGBT 电压最高的功率单元		
a266 北车集团出口整车,还将出口牵引及网络控制系统等核心技术。这是中国首次向海外出口高铁核心技术		

附表 3　概念化和范畴化过程

贴标签	概念化	范畴化
a1 公司愿景是成为世界级高技术通信公司 a2 企业家对市场潜力的预判能力和抱负心理 a3 创造机会,引导消费是先驱者的座右铭,华为要成为先驱者 a4 抓住机会与创造机会是两种不同的价值观,左右国家与企业的发展道路 a5 华为必须创造机会,以顾客需求为基础 a6 华为以发展核心技术,研发自主品牌产品为战略主导,坚守只做通信产品 a7 华为愿景目标是独立自主,用卓越产品屹立世界 a8 华为新产品开发规定新技术、新工艺、新材料不得超过10%,余下必须是用过的、成熟的 a9 华为建立全球研发所 a10 华为建立联合研究中心和实验室 a11 华为建立国家重点实验室 a12 华为建立合资公司 a13 华为建立收购美国公司,打开美国市场 a14 引入先进的国际管理模式 a15 华为的专利国际申请量处于中国第一 a16 华为以每年不少于10%的销售额资金投入研发 a17 企业文化是狼性文化 a18 华为基本法 a19 华为凭借技术和服务建立品牌知名度和美誉度 a20 华为是传统电路交换的技术路线 a21 C&C08 交换机是其代表产品 a22 华为在中国市场受到外国产品所主宰被迫农村包围城市 a23 复杂网络技术的系统设计能力来源于技术研发和一些列信息的反馈和渠道 a24 华为的核心竞争优势是有效地结合了技术研发和市场需求,互动互补 a25 华为的技术优势在于能力平台,且是华为产品多元化的基础 a26 华为将以客户为中心贯彻到组织机制和文化中 a27 市场人员和研发人员在职务上轮换 a28 以客户需求为导向却不被客户需求牵着鼻子走 a29 企业家奉行危机管理 a30 华为掌握软件的复杂技术系统里所有层级的技术 a31 华为对外合作大都始于自主研发后期 a32 华为对外采购,并在消化吸收基础上集成创新 a33 美国认为华为威胁国家安全 a34 华为被起诉,促使其开始重视信息安全 a35 华为是从模仿创新开始 a36 华为的硬件包括各个层次,形成垂直整合 a37 华为软件在网络应用层能提供功能客户化系统 a38 注重研发流程管理,引进美国集成产品开发流程	aa1 独立自主成为世界级高技术通讯公司的愿景(a1/a7) aa2 企业家市场预判力和抱负(a2) aa3 创造机会,引导消费(a3/a4/a5) aa4 战略导向是发展核心技术和自主品牌,只做通信(a6) aa5 渐进式创新(a8/93) aa6 全球研发机构、联合研发中心、国家重点实验室(a9/a10/a11/a55/a56) aa7 合资与收购(a12/a13) aa8 引入国际先进管理模式(a14) aa9 专利国际申请中国第一(a15) aa10 研发投入占销售额10%(a16/a48/a124) aa11 狼性文化(a17/a110) aa12 华为基本法(a18) aa13 品牌知名度(a19) aa14 始于传统电话交换技术(a20) aa15 C&C08 代表核心技术(a21/a83/a84) aa16 农村包围城市的市场路线(a22/a71) aa17 拥有复杂网络技术的系统设计能力(a23) aa18 技术研发和市场需求互动互补(a24) aa19 能力平台是技术优势(a25) aa20 组织机制与文化均服务于客户为中心(a26) aa21 市场与技术人员职务轮换(a27/a120) aa22 以客户需求为中心不等于被客户牵着鼻子走(a28) aa23 危机管理(a29) aa24 掌握复杂技术系统里所有的层级技术(a30) aa25 自主研发后期对外合作(a31) aa26 对外采购技术并集成创新(a32) aa27 美国认为华为威胁其国家安全(a33) aa28 华为重视信息安全(a34) aa29 始于模仿创新(a35) aa30 各个层级硬件系统形成垂直整合。(a36) aa31 网络应用层软件提供功能客户化系统(a37)	A1 独立自主成为世界级高技术通信公司(aa1/aa66/a100) A2 企业家才能(aa2/aa108) A3 创造机会,引导消费(aa3) A4 聚焦通信核心技术做自主品牌(aa4) A5 渐进式创新(aa5) A6 全球联合研发(aa6/aa34) A7 合资与收购(aa7/aa35/aa47) A8 学习国际先进管理模式(aa8/aa32/aa33) A9 申请国际专利(aa9) A10 高比例研发投入(aa10) A11 企业文化(aa11) A12 华为基本法(aa12/aa77/aa91) A13 品牌知名度(aa13) A14 技术设计及能力积累(aa14/aa17/aa15/aa24/aa30/aa31/aa36/aa40/aa41/aa42) A15 市场竞争路线(aa16) A16 技术与市场互补互动(aa18/aa21) A17 技术优势包括能力平台规划/研发和领先市场(aa19/aa48/aa71/aa75) A18 组织机制与企业文化服从客户为中心(aa20) A19 为客户服务不能被客户牵制(aa22/aa72) A20 危机管理(aa23/aa109) A21 对外合作时机选择(aa25)

贴标签	概念化	范畴化
a39 软件开发管理上启用能力成熟度模型	aa32 引进美国集成产品开发流程（a38）	A22 集成创新（aa26/aa99）
a40 华为建立研发中心以便近距离了解客户需求	aa33 软件开发管理上用能力成熟度模型（a39）	A23 信息安全影响国家安全（aa27/aa28/aa38）
a41 华为更倾向于建立合资企业以便获取技术和品牌增值	aa34 贴近客户需求地建立研发中心（a40）	A24 始于模仿创新（aa29）
a42 与 IBM 合作后,具备自主开发芯片能力	aa35 合资企业可以获取技术和品牌增值（a41）	A25 集成创新并整合边缘技术（aa37/AA79）
a43 华为主要集成他人的核心技术并整合边缘技术	aa36 具备自主开发芯片的能力（a42）	A26 中国电信被外国企业垄断（a a 39）
a44 华为在美国收购均被冠以威胁美国国家安全为理由而失败	aa37 集成创新并整合边缘技术（a43）	A27 技术驱动转向市场驱动（aa44/aa98）
a45 华为成立之初,中国电信市场几乎全被外资垄断	aa38 美国以威胁国家安全拒绝华为收购美企（a44）	A28 研发管理委员会与价值链管理（aa43/aa45/aa49/aa51）
a46 起初,华为靠代销赚取价差获利	aa39 中国电信市场被外国垄断（a45）	A29 过程管理与质量控制（aa46）
a47 华为将代理赚取的全部收入用于研发 JK1000 交换机获得成功	aa40 华为代销赚价差（a46）	A30 非核心业务外包（aa50/aa63）
a48 华为在研发上舍得大投入	aa41 JK1000 研发成功（a47）	A31 动态蛛网式全球生产网络（aa52）
a49 华为开发的产品中相当一部分是极端复杂的大型产品系统	aa42 华为开发极端复杂大型产品系统（a49）	A32 国际市场开拓（aa53/aa54）
a50 华为的产品线由产品研发管理委员会负责	aa43 产品研发管理委员会职能（a50/a51）	A33 合作创新（aa55/aa58）
a51 产品研发管理委员会职能是负责研发关键环节监控评估,决定项目的继续和终止	aa44 依托 IPD 从技术驱动转型市场驱动（a52/a53）	A34 业务来源分析（aa56）
a52 华为通过 IPD 实现从技术驱动向市场驱动转型	aa45 建立完整价值链（a54/a66）	A35 产品端到端服务（aa57）
a53 技术驱动使华为脱离消费者需求,失去商业价值	aa46 软件过程管理与质量控制业内先进（a57）	A36 市场的重要性（aa59/aa60/aa61）
a54 IPD 使华为建立完整的价值链	aa47 与全球前 50 位运营商技术合作（a58）	A37 保留核心业务中的核心业务（aa62）
a55 华为与知名高校合作取得成果	aa48 研发和领先市场是竞争力（a59）	A38 全球化 IT 服务系统（aa64）
a56 华为通过建立全球研发机构,实施全球同步研发战略	aa49 整合出供应链管理部（a60）	A39 员工本地化（aa65）
a57 华为软件过程管理与质量控制达到业内先进水平	aa50 非核心业务外包（a61）	A40 因市场需求旺盛,进入设备制造业（aa67）
a58 华为与全球前 50 位运营商技术合作	aa51 零库存和快速响应（a62）	A41 技术失败也积累了经验（aa68）
a59 华为的竞争力是研发和领先市场	aa52 动态蛛网式全球生产网络（a63）	A43 基于核心技术开发系列产品平台（aa69）
a60 华为调整组织机构成立供应链管理部	aa53 国际市场萎缩威胁国际市场开拓（a64）	A44 技术预见力（aa70/aa117）
a61 华为将非核心业务外包	aa54 以国际化为重点,实现全球化（a65）	A45 成本竞争力（aa73）
a62 华为实现零库存和快速响应	aa55 合作创新（a67）	A46 大公司靠平台（aa74）
a63 华为形成动态蛛网式全球生产网络	aa56 业务源于用户分析和创新基础（a68）	
a64 国际市场萎缩直接威胁华为国际市场拓展	aa57 产品端到端服务（a69/a77）	
a65 华为把国际化作为战略重点,实现全球化	aa58 与合作伙伴相互依赖（a70）	
a66 华为通过合作,打造可持续的价值链体系	aa59 注重客户营销（a72）	
a67 华为与合作伙伴共同面向客户进行创新	aa60 全球 8 个销售区域（a73）	
a68 华为在用户分析和创新基础上形成业务概念	aa61 市场是公司生命线（a74）	
a69 华为与伙伴合作实现产品端到服务端	aa62 保留核心业务中的核心业务（a75）	
a70 华为与合作伙伴相互依赖	aa63 软件编程是核心业务中的非核心业务（a76）	
a71 华为国际市场开拓选择农村包围城市策略		
a72 华为通过营销手段使客户全面了解公司		
a73 华为在全球成立 8 个销售片区		
a74 市场是公司的生命线		
a75 华为保留核心业务中的核心业务		
a76 软件编程作为核心业务中的非核心业务完全外包		
a77 华为的项目管理经营团队为客户提供端到端服务		

续表

贴标签	概念化	范畴化
a78 GCRMS 全球客户问题管理系统、EPMS 工程项目管理系统及 SPMS 备件管理系统等全球化 IT 系统使华为服务更专业	aa64 全球化 IT 系统使华为服务更专业(a78)	A47 基于模块化的虚拟再整合模式(aa76)
a79 华为在全球设立培训中心,推行员工本地化	aa65 推行员工本地化(a79)	A48 交叉许可专利(aa78/aa114/aa115)
a80 任正非认为以贸易形势的市场换技术不行,必须自主创新才能有一席之地	aa66 必须自主创新(a80)	A49 加入国际行业制定标准的机构(aa79/aa80/aa82)
a81 因电信行业需求旺盛,华为进军电信设备制造业	aa67 市场需求旺盛,进入电信设备制造业。(a81)	A50 全球专利布局(aa81)
a82 前期技术的失败为后来的 C&C08 数字程控交换机的研制成功积累了宝贵的经验	aa68 技术失败也可积累经验(a82)	A51 不掌握最底层核心芯片研发技术(aa83)
a83 C&C08 交换机的成功使华为彻底放弃代理业务	aa69 凭借 C&C08 掌握核心技术和产品平台(a85/a87)	A52 掌握专用芯片研发技术(aa84/aa120)
a84 C&C08 交换机使华为实现弯道超车,领跑中国通信设备制造业	aa70 拥有正确的技术预见力(a86)	A53 掌握板级开发技术(aa85)
a85 C&C08 是华为最重要的技术和产品平台,是后续所有产品开发的基础	aa71 市场需求开发能力和平台规划能力是核心竞争力(a88)	A54 一揽子解决方案(aa86)
a86 华为独具慧眼,否定竞争对手设计方案采用的 SDH 技术成为当时国际上最先进的实现方式	aa72 为客户服务(a89)	A55 全球第一大通信设备制造商(aa87)
a87 华为将 C&C08 系列产品发展成产品平台	aa73 成本竞争力(a90)	A56 具有国际竞争力(aa88)
a88 市场需求开发能力和平台规划能力是华为的核心竞争力	aa74 小公司靠创意,大公司靠平台(a91)	A57 引入国际知名公司的人力资源与供应链管理(aa89)
a89 为客户服务是华为存在的唯一理由和原动力	aa75 平台化战略(a92/a94)	A58 设计院＋营销团队(aa90)
a90 成本竞争力考核贯穿始终	aa76 基于模块化的虚拟再整合模式(a95)	A59 人力资源池(aa92/aa93)
a91 任正非认为小公司靠创意,大公司靠平台	aa77 华为基本法是华为核心技术发展的战略思想(a96)	A60 注重品牌管理(aa94/aa95/aa122)
a92 任正非看重资源共享、平台化和思想	aa78 交叉许可专利(a97/a122)	A61 创新具有累积性和衍生性(aa96)
a93 任正非认为要充分利用 70% 以上公司资源,渐进式创新	aa79 针对专利漏洞的研发(a98)	A62 基础性专利保护范围宽泛(aa97)
a94 平台战略的优势	aa80 专利是市场进入许可和商业手段(a99)	A63 聚焦核心技术、前沿技术、基础技术的研发和跟踪(aa101)
a95 华为采用基于模块化的虚拟再整合模式	aa81 进行全球专利布局(a100)	A64 精神鼓励和奖金鼓励创新(aa102)
a96 华为基本法是华为核心技术发展的战略思想	aa82 加入国际行业标准机构(a101)	A65 成功的关键因素是技术、人才、资本、管理和服务(aa103)
a97 未来交叉许可专利更加普遍	aa83 华为不掌握最底层核心芯片研发技术(a102)	A66 技术研发体系(aa104)
a98 华为是在专利交叉授权甚至直接购买的基础上,针对漏洞进行开发	aa84 华为掌握非核心芯片或专用芯片研发技术(a103)	A67 规范化技术创新流程(aa105)
a99 专利是市场进入许可和商业手段	aa85 华为掌握板级开发研发技术(a104)	
a100 华为进入全球专利布局阶段	aa86 提供一揽子解决方案(a105)	
a101 华为积极参与国际行业标准机构	aa87 全球第二大通信设备制造商(a106)	
a102 通信设备研发最底层技术是核心芯片研发,中国企业不掌握该类技术	aa88 具有国际竞争力的嵌入式软件厂商(a107)	
a103 华为设计技术难度相对较小的非核心芯片或专用芯片	aa89 请国际知名公司改造人力资源和供应链(a108)	
a104 华为也利用人工低廉优势进行板级开发	aa90 设计院＋营销团队(a109)	
a105 华为采用嵌入式软件为核心的通信设备为客户提供一揽子解决方案的软件技术服务	aa91 华为基本法是组织制度(a111)	
a106 2009 年华为是全球第二大通信设备供应商	aa92 人力资源池系统(a112/a126)	
a107 华为是一家具有国际竞争力的嵌入式软件厂商	aa93 人力资源池中包含关键性人力资源(a113)	
a108 华为与国际知名公司合作改造人力资源和供应链	aa94 菊花标识体现品牌核心价值(a114)	
a109 国外公司评价华为是设计院＋营销团队		
a110 华为的企业文化使狼性文化,嗅觉、敏锐、进攻和团队合作		

贴标签	概念化	范畴化
a111 华为基本法将团队、风险、学习、创新和公平深入到组织制度层面	aa95 成立品牌部（a115）	A68 重视一次就做对（aa106）
a112 华为筹建人力资源池系统，进行人力资源规划	aa96 通信领域创新具有累积性和衍生性（a116）	A69 国际化竞争激烈（aa107）
a113 关键性人力资源放进人力资源池进行培训	aa97 基础性专利保护范围宽泛（a117）	A70 获得国家科技进步奖（aa110）
a114 华为更换菊花标识，代表"聚焦、创新、稳健、和谐"的品牌核心价值	aa98 技术驱动转向市场驱动（a118/a119）	A71 知识产权管理（aa111）
a115 华为成立品牌部，统一管理协调各产品线的市场宣传	aa99 创新站在巨人肩膀上（a121）	A72 联合研制最新技术（aa112）
a116 通信领域的创新具有很强的积累和衍生性	aa100 后进入者必须有自主核心技术（a123）	A73 研发是高风险（aa113）
a117 基础性专利保护范围宽泛	aa101 固定比例的研发投入用于前沿技术、核心技术、基础技术研发和跟踪（a125）	A74 绩效激烈（aa116）
a118 华为曾忽略客户需求盲目技术创新		A75 相互信任的环境（aa118）
a119 华为从技术驱动转向市场驱动	aa102 对创新采用精神鼓励和奖金鼓励（a128）	A76 培训系统（aa119）
a120 在华为做市场的人会研发，做研发的人懂市场	aa103 成功的关键因素是技术、人才、资本、管理和服务（a129）	A77 永不进入信息服务业（aa120）
a121 华为认为创新应善于站在巨人的肩膀上	aa104 "削足适履"的技术研发体系（a130）	A78 三权分立治理机制（aa123）
a122 华为以支付许可费的方式获得交叉许可协议	aa105 规范化技术创新流程（a131）	
a123 高科技行业后来者必须形成自己的核心技术产品	aa106 重视一次就做对（a132）	
a124 华为靠持续的销售额 10% 的高投入做技术研发	aa107 国际化竞争中腹背受敌（a133）	
a125 研发投入的 10% 用于前沿技术、核心技术及基础技术的研发和跟踪	aa108 有任正非华为才成功（a134）	
a126 华为重视对研发人才的投入与积累	aa109 用危机意识和军事化管理激励员工（a135）	
a127 华为员工 48% 在研发部门	aa110 获得国家科技进步奖（a136）	
a128 华为对创新采用精神鼓励和奖金鼓励	aa111 尊重和保护知识产权（a137）	
a129 任正非认为华为成功的关键因素是技术、人才、资本、管理与服务	aa112 首创发起，联合研制最先进技术（a138/a139）	
a130 引进 IBM 的 IPD 集成管理模式被任正非称为"削足适履"的技术研发体系。效果显著	aa113 研发是高风险事件（a140）	
a131 IPD 技术研发体系集成管理模式提高了效率成为华为规范化的技术创新流程	aa114 以自由核心技术专利与联盟方形成交叉专利（a141）	
a132 任正非说研发成果不能转化成商品就是失败，要一次做对的概率	aa115 交叉技术专利有助于突破专利壁垒（a142）	
a133 华为是腹背应敌（在国内国际展开竞争），华为的国际化难度最大	aa116 第一高工资与全员持股（a143）	
a134 任正非是华为成功的重要因素	aa117 技术预知能力（a144）	
a135 华为的危机意识和军事化管理对广大员工激励作用很大	aa118 员工对老板非常信任（a145）	
a136 华为多次获得科技界最高荣誉的国家科技进步奖	aa119 良好的培训体系（a146）	
a137 华为重视技术研发，尊重并保护知识产权	aa120 集中开发非核心技术的压强战术（a147）	
a138 MEC 技术定位 4.5G—5G 由包括华为在内的 6 家企业发起创始	aa121 永不进入信息服务业（a148）	
a139 华为与欧洲、亚洲运营商在 MEC 方面保持着紧密研究合作	aa122 自有品牌与贴牌并行（a149）	
a140 任正非对联想 CEO 杨元庆说：开发可不是一件容易的事，你要做好投入几十个亿，几年不冒泡的准备。显而易见，搞研发绝对不是一条坦途，与高收入相关联的是高风险	aa123 三权分立治理机制（a150）	
a141 中国企业以自由核心技术专利与联盟各方形成交叉技术		

贴标签	概念化	范畴化
a142 华为成为专利联盟许可方,以自身拥有的核心专利技术与其他各方形成交叉许可,这对于我国通信设备制造商依靠自主创新和自主知识产权突破专利壁垒,具有重要的示范意义 a143 华为在推行业内第一高工资的同时,实施全员持股制 a144 华为具有强烈的技术预知能力 a145 华尔员工对老板非常信任,对员工持股非常信任 a146 华为最吸引人的地方除了高薪就是良好的培训体系 a147 华为的集中开发非核心技术的压强战术 a148 华为在基本法中规定,为了使华为成为世界一流的设备供应商,我们将永不进入信息服务业,永远保持自制和专注 a149 华为在国际市场中实施自有品牌与贴牌并行的方式 a150 华为成立三权分立的治理机制		

致　谢

　　本书的完成要奉上满满的真挚感谢:首先要感谢恩师魏老师,感谢老师收我为弟子,跟老师学到的不仅是知识,更是思维的高度和治学的态度,受益终身。感谢毛文娟老师,她是我的引路人,从博一时带着我读英文文献,到给我提供各种学术资源,私下里的帮助和非正式的学术探讨举不胜举,每次的提示都是切中肯綮,让我收获满满。朱建民师兄在我遇到困难时,帮我出主意,想点子,解决困难。还要一并感谢我的博士团队的师兄师姐们。感谢提供我调研支持的企业的朋友们。

　　其次要感谢无私帮助我,并给我提供学术信息的好朋友们,刘翔宇博士、魏延辉博士、杨祖国教授。

　　再次要感谢我的家人:我的爱人屈小健,全身心地给予我支持,在我陷入思维困境的时候主动跟我讨论,帮我开解减压,周全地承担起我作为女儿因精力不够而顾及不到的细节。感谢我的父母给我温暖的支持与无私地爱。

　　最后,感谢南开大学出版社的编辑张燕、白三平老师,在成书过程中的认真负责与精益求精的严谨态度。